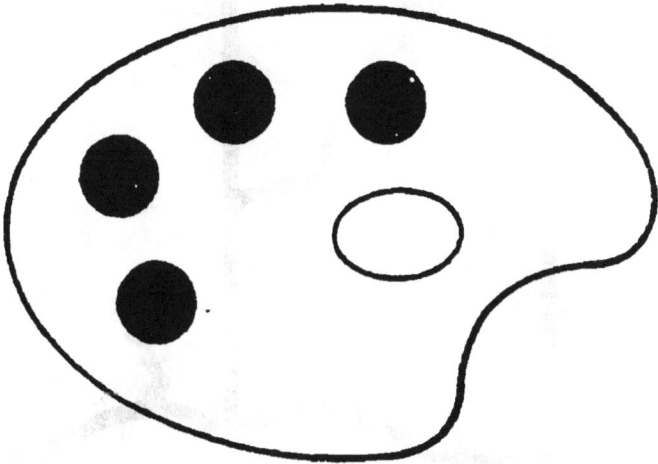

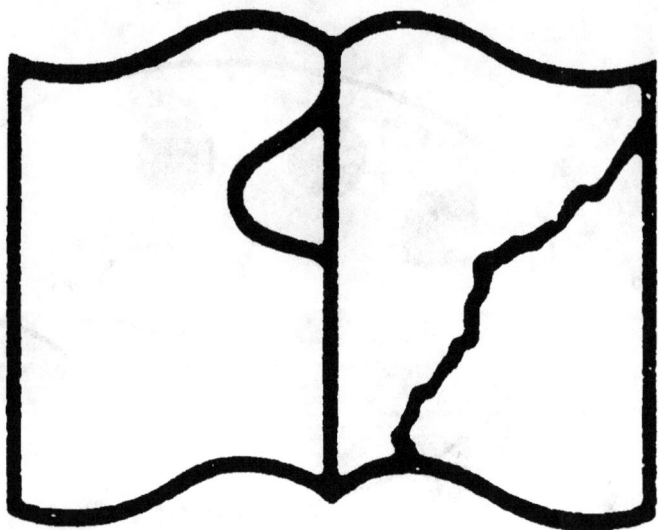

Les Ironiques

(Essai de psychologie pratique)

PARIS

ALPHONSE LEMERRE, ÉDITEUR

27-31, PASSAGE CHOISEUL, 27-31

1911

VERS

Hommes et singes.
Les rythmes.
Les formes.
Le poème de la cloche.
Jeanne d'Arc.
Bretonnes et françaises.

Les pensées.
Les sensations.
Les sentiments.
La nature.
Les étrangères.
Les contrastes.

PROSE

Des principes scientifiques de la versification française.
Du mode mineur dans le rythme.
De la césure.
De l'élément psychique dans le rythme.
Des unités rythmiques supérieures au vers.
Étude de rythmique comparée.
Analyses métriques et rythmiques.
Du rôle de l'e muet dans la versification française.
Rythmique védique.
Rythmique chinoise.
De la classification des arts, de la littérature et des sciences.
De la production et de la consommation des œuvres de l'esprit.
De la psychologie du monde et de la mode.
Des affinités.
De la psychologie des religions.
Des religions comparées au point de vue psychologique.
De la psychologie du langage.
De la transformation et de l'ascension des idées.
De l'instinct individualiste chez les Anglo-Américains.
Du népotisme.
Des rapports entre la sociologie et la psychologie.

Du nom maternel.
Du rôle moral de la dot.
Du déterminisme.
De la psychologie collective.
De la vengeance privée.
De la famille artificielle.
De l'intellectualisme.
Des principales questions du féminisme.
De l'ensemble des moyens de l'idée pacifiste.
De l'internationalisme.
Psychologie du magistrat.
Psychologie de l'avocat.
De la forme graphique de l'évolution.
De l'instinct nostalgique.
De l'instinct cryptologique.
De l'hybridité mentale.
Du subjectif et de l'objectif dans la Société.
De la psychologie de l'argot.
De l'ensemble de la psychologie linguistique.
Essai d'une psychologie du peuple breton.
De l'intolérance.
Des causes efficientes et des causes téléologiques.
Du greffage social.
Des intermédiaires sociaux.
De l'individualisme religieux.

Les Ironiques

Les Ironiques

(Essai de psychologie pratique)

PARIS

ALPHONSE LEMERRE, ÉDITEUR

27-31, PASSAGE CHOISEUL, 27-31

—

1911

LES IRONIQUES

(Essai de psychologie pratique)

— Bien différente est l'estime qu'on a d'une personne en bloc de celle qu'on en a en détail ; la première est celle qu'on veut avoir, la seconde celle qu'on a réellement.

— Ceux qui comprennent trop veulent moins.

— L'art nuit à la vie, la vie profite à l'art.

— Sans un mélange de politicien, il n'existerait pas un homme politique ; quand il ne fallait pas la faveur du peuple, il fallait celle du roi.

— Ce que nous estimons injuste, c'est seulement ce qui l'est ou pourrait l'être envers nous.

— Il y a entre tout homme et toute femme une rancune ou un attrait sexuel.

— Si le féminisme triomphait, on assisterait entre les deux sexes à une jalousie d'un nouveau genre.

— La personne la moins égoïste, et surtout celle-là, peut être inexorablement égotiste.

— Il n'y a de pire persécuteur que celui qui ne croit l'être que pour notre bien.

— L'amour exagéré envers les enfants supprime celui envers les parents ; l'homme n'a qu'une provision bornée d'affection.

— Si l'homme était hermaphrodite, toute société deviendrait impossible.

— C'est une vraie contradiction que le catholicisme veuille pour son clergé des célibataires, mais refuse les eunuques.

— Par une contradiction singulière, le monde méprise à la fois l'homme débauché et l'homme chaste.

1

— Il n'y a pas d'intérêt qui n'invoque un principe.

— Il est des hypocrites de vices, comme des hypocrites de vertu, et les deux réussissent.

— La musique a chassé les vers de la scène, comme les projections chassent l'éloquence du discours, car tous les sens extérieurs priment la pensée.

— Malgré tous les euphémismes, deux beaux yeux ne troublent pas autant que deux beaux seins, ni deux beaux seins que le reste.

— C'est le désert qui avivait les tentations de Saint Antoine, pour les calmer il lui eut suffi de venir en ville.

— La crainte de l'enfer a été longtemps le sel de la luxure.

— Chose étonnante, c'est dans les siècles où elle tenait le plus à sa race que l'aristocratie comptait le plus de femmes légères.

— Il est difficile de savoir si la bourgeoisie déteste davantage la noblesse ou le peuple.

— Le socialisme chrétien est celui qui veut faire prendre ses vieux habits aux pauvres pour des habits neufs.

— La femme du peuple est souvent plus débauchée que l'homme, mais celle du monde l'est ou le paraît moins.

— La mode est la plus sévère des lois et le monde, le plus draconien des législateurs.

— Tout homme a deux pensées, comme Janus, deux faces ; c'est celle de derrière la tête qui est la seule vraie.

— Entre deux époux, ce n'est pas le plus intelligent, mais le plus obstiné qui l'emporte.

— Toutes les femmes sont plus implacables entre elles que tous les hommes entre eux.

— Celui qui veut le plus être injuste, invoque tantôt l'équité, tantôt la justice.

— La considération des personnes dans les jugements est parfois aussi juste qu'injuste.

— Le plus criminel est souvent celui qui est le plus naïf dans sa croyance en la vertu.

— Il n'y a de frein possible aux convictions comme aux intérêts que la pitié.

— La conversion de l'amour en pitié est un des faits psychologiques les plus curieux, elle a échappé à la sagacité des romanciers psychologues.

— Le travail, qui est un remède aux mots physiques, l'est davantage aux chagrins moraux, c'est le seul que les médecins ne commandent pas.

— Ce qui est vrai d'abord devient souvent ironique : quel rapport de nos jours entre une bonne et le même mot adjectif, à moins qu'on ne l'appelle ainsi, comme les anciens appelaient les Érinnyes des Euménides.

— On en veut souvent d'un bon conseil nettement donné, même si on l'a suivi avec succès.

— Non seulement nous sommes ingrats sans le vouloir, mais nous le sommes aussi sans le savoir, ayant tout oublié.

— Comment expliquer que toutes les femmes pratiquent leur religion et aucun homme. Est-ce donc une affaire de sexe ?

— N'y a-t-il pas contradiction dans une religion qui vante à la fois la fécondité et la chasteté perpétuelles ?

— La religion est-elle plus sévère en instituant les vœux perpétuels ou le mariage indissoluble ?

— Pourquoi ce que la femme cache chez nous avec soin, est-il ce qui s'étale impudemment chez la fleur à laquelle on la compare si souvent ?

— On choisit avec réflexion ses meubles et sa maison et on prend un mari sans plus le connaître qu'une femme de chambre.

— Ce qu'on fait tous les jours, on le fait bien et sans peine, et c'est pour cela sans doute qu'on ne veut plus le faire.

— Beaucoup de personnes aiment peu leurs enfants, et cependant elles leur donnent tout à leur mort et ne voudraient rien en distraire pour leurs amis.

— Pourquoi tel pauvre était-il généreux, qui est avare, s'il devient riche ? Parce qu'il a dès lors quelque chose à perdre.

— La jalousie est surtout le propre de l'amour physique, ce n'est que l'amour passionnel de la propriété.

— Les gens de classes supérieures s'imaginent que ceux des autres ne devraient pas avoir de sexe.

— Le peuple ne pardonne pas les défauts physiques ; le monde, au contraire, avec sa morbidesse, en a rendu quel·ques-uns à la mode.

— Lorsque le décolletage des femmes dépasse toute me·sure, leur punition la plus grande serait cependant alors de les priver de tout costume.

— La politesse est une hypocrisie, sans laquelle la vérité se manifesterait à coups de poings.

— Quand un vice est toléré, on emploie pour le désigner beaucoup d'euphémismes ; c'est pourquoi l'amant chez nous s'appelle l'ami et la maîtresse l'amie. L'expression juste était le dernier obstacle.

— On a souvent autant de rancune pour une seule faveur refusée que si l'on ne nous en avait accordé aucune.

— La mort du riche est la plus grande consolation du pauvre.

— Le soleil luit pour tout le monde, excepté pour les mi·neurs et les morts.

— Le sourire est ce qu'il y a de plus attirant chez les vivants et le rictus ce qu'il y a de plus effrayant chez les morts.

— Pourquoi le cou est-il vulgaire et le col poétique ? Puissance des mots et même des lettres !

— Pourquoi dit-on : des entrailles de père et jamais des entrailles de mère ? Cependant !

— Ce n'est pas le bonheur du jour qui inspire le poète, mais celui de la veille.

— L'amour-propre blessé est le chagrin le plus vivace.

— L'inspiration est comme l'oiseau, si on la recherche, elle s'enfuit.

— Les dévots de religion ou d'art font plutôt ce qui est conseillé que ce qui est ordonné.

— L'altruiste double ses maux, car il souffre de ceux d'autrui, en même temps que des siens.

— C'est une idée bien bornée que de définir le remords :

regret du mal commis ; le regret du bien commis est un remords aussi cuisant.

— Parmi les effets de l'hérédité, on oublie ordinairement de comprendre la croyance en telle religion, on peut, en effet, la rejeter ou la maudire, mais on ne peut en choisir une autre.

— La chasteté produit le même effet sur l'esprit que l'élagage sur les plantes, elle les fait monter plus haut.

— On a pas plus de peine à tenir l'offensive que la défensive et on a l'espoir en plus.

— Beaucoup de phénomènes de l'esprit sont synchroniques à ceux du corps.

— La solitude conduit à la religion en raison du besoin de s'associer à quelqu'un.

— Les personnes d'une confession à morale moins austère sont moins volontiers incrédules.

— Le plus grand signe de la partialité consciente ou inconsciente, c'est de se fâcher quand quelqu'un ne suit pas notre opinion.

— La plus grande fausseté c'est de paraître franc sans même y tâcher.

— L'impartialité entre classes sociales est plus difficiles qu'entre individus.

— Il y a des vengeances historiques aussi vives que les autres, le temps les augmente, au lieu de les affaiblir.

— La tolérance est un mensonge que font tous les hommes et d'autant plus qu'ils sont plus intolérants.

— Pratiquer la tolérance dans une religion qui croit aux peines éternelles, c'est permettre à un enfant de se jeter dans le feu sans l'arrêter.

— La religion et la morale étaient, dit-on, indépendantes à l'origine ; elles le redeviennent quand l'une d'elles meurt.

— L'amour humain n'est pas toujours sexuel, mais il commence toujours par là.

— Pygmalion croyait donner la vie par son désir, l'homme croit par le même moyen se donner l'immortalité.

— Les sentiments qu'on n'éprouve pas ou qu'on n'éprouve plus, on finit par les ignorer complètement et on est même étonné qu'ils existent.

— On ne sera jamais bien sévère pour un péché qu'on aura soi-même commis.

— Celui qui ne pèche pas contre la pitié ne pèche pas.

— C'est par élégance sans doute que le riche veille la nuit et dort le matin, pour se distinguer du peuple qui suit le soleil.

— La seule différence entre le touriste et le vagabond, c'est que l'un voyage assis et l'autre debout.

— L'ambition prend la place de l'amour et l'amour, celle de l'ambition. On ne se corrige bien d'un goût que par un autre !

— La jalousie nous rend jaloux, tantôt de quelqu'un, tantôt de tous. Le second de ces cas est le plus cruel.

— Le politicien travaille pour certains autres autant que pour lui-même, il est parasite et à son tour parasité, et comme d'autres animaux, il cherche sans cesse à se secouer, sans le pouvoir.

— Il vaut souvent autant profiter de la fortune d'un autre que de s'en faire une particulière.

— Si l'héritier ne souhaite pas la mort inconsciemment, c'est qu'il ne croit pas à l'héritage ou n'y croit plus.

— Le désintéressement absolu, loin d'être admiré, est méprisé, comme une faiblesse d'esprit.

— Le devoir accompli donne d'abord une douceur qui tourne ensuite à l'aigre.

— Le mariage d'inclination est dans le monde ce qu'il y a de plus réprouvé, c'est un reproche à tous les autres.

— Le suicide est taxé de lâcheté et le duel de courage, tandis qu'on est sûr de mourir dans le premier et pas dans le second. Pourquoi ?

— Le roman est considéré à la fois dans le monde et chez les savants comme une simple distraction. Cependant c'est lui qui conduit le plus directement à l'Académie française, tandis que les travaux les plus scientifiques n'aboutissent qu'à l'Institut, et encore ! Mystère et contradiction.

— Le public blâme et lit le roman scabreux, il approuve, mais ne lit pas l'autre, L'auteur se voit ainsi dans la nécessité de faire les deux.

— L'étranger est resté l'ennemi pour tous ; si certains en font l'éloge, par exemple : Tacite, ce n'est que pour blâmer indirectement les siens.

— Quand une institution d'un autre pays semble bonne, on se hâte d'ajouter qu'elle ne convient pas au nôtre et et que nous avons encore mieux, tout le monde est ainsi satisfait.

— Quand un mécontent acquiert de la force, le parti régnant ne le détruit plus en le combattant, mais en l'étouffant dans le fromage où sa voix s'éteint.

— L'hésitation est après le remords le plus grand tourment intérieur.

— La paresse est relative comme tout le reste, on peut être très actif pour les occupations de son goût et inactif pour les autres.

— L'avarice absolue est un des vices simples d'autrefois, aujourd'hui l'avarice et la prodigalité d'une même personne s'entendent très bien ensemble.

— L'homme est peut-être un malade qui ne meurt pas.

— Nous pouvons aimer beaucoup un art que nous exerçons, par exemple : la musique, et le détester, quand ce sont les autres.

— Les bourgeois haïssent les dynasties faites, parce qu'elles en font de nouvelles.

— Les blessures dans la santé ou la fortune sont partagées par ceux qui nous entourent, celles d'amour-propre restent à nous seuls.

— Le malheur continu pervertit les bons et corrige les méchants.

— L'auteur sans talent imite ce qu'il a lu, l'autre s'en inspire.

— La plus grande folie de l'homme c'est de travailler à la gloire pour après sa mort.

— On blâme l'injustice du politicien au profit de ses correligionnaires, celle au profit de ses amis personnels est bien plus grande.

— Le chien pleure son maître, le maître ne pleure pas son chien.

— Le lendemain de l'élection est pour le député, ce qu'est le lendemain de la possession pour l'amant, il n'y pense plus.

— Les vacances sont pour l'ouvrier le temps dont il ne sait que faire.

— Le plus grand prodige de la poësie, c'est que la femme, l'oiseau et la fleur y reviennent à tout propos sans banalité

— L'ennui est le seul critère que possède le public pour rejeter une œuvre littéraire.

— L'ennui est le plus indéfinissable des sentiments, mais il est physiologiquement très net, il fait bâiller comme la joie et la douleur font rire ou pleurer.

— Le meilleur moyen de calmer l'orage qui gronde entre deux personnes, c'est de dire du mal d'une troisième.

— La seconde fois, ce qu'on recommence nous semble moins agréable, aussi nous y réussissons moins.

— On n'ose se plaindre du malheur que lorsqu'on est devenu moins malheureux.

— L'éloge qu'on fait de nous est un mets qui ne s'évente jamais.

— Nos passions peuvent se satisfaire les unes les autres par compensation, la gloire permet de se passer d'amour et l'amour de gloire.

— L'estime qu'on donne à nos fonctions, nous croyons qu'on nous la donne à nous-même.

— Le fonctionnaire en retraite connaît la moitié de la mort.

— On estime moins le haut fonctionnaire qui sort que le bas fonctionnaire qui entre.

— C'est le pot de chambre d'un Ministre qui contient le plus d'eau bénite de cour.

— La langue française est indigente, elle a été sur le point de confondre le cabinet du Ministre avec ses cabinets ; il ne s'en est fallu que d'une lettre.

— Un député ne ment pas plus souvent qu'un autre, il ne ment que plus haut.

— Un dictateur commence toujours par sauver le pays, puis il le perd.

— La richesse profite à tous les nôtres, les honneurs à nous seuls.

— Il est remarquable que la bigamie qui est un crime chez les chrétiens est une vertu chez les Musulmans, comme l'inceste le fut chez les Egyptiens, mais il faut se garder de passer la douane de la morale.

— Le seul moyen d'empêcher maintenant le divorce, serait d'autoriser la polygamie.

— La religion ne permet le mariage que comme contre-poison.

— Le public confond le polyglotte et le linguiste, l'exécutant et le compositeur, l'agriculteur et le botaniste, ou plutôt il ne voit que les premiers, les savants ne comprennent que le second.

— Le proverbe populaire est plus sage et plus frappant que toutes les maximes lettrées, parce qu'il est le produit de l'inconscient.

— Le trop grand bonheur et le trop grand malheur rendent l'esprit stérile, dans le premier on ne veut plus que jouir, dans le second on ne peut plus que souffrir.

— On peut se demander lequel rend le plus immoral, l'extrême richesse ou l'extrême pauvreté.

— Le médecin n'est aimé de personne, encore moins de celui qui reçoit ses soins.

— Celui qui est servile envers ses supérieurs s'en venge en étant insolent envers ses inférieurs, par compensation.

— Cela flatte toujours qu'on nous sollicite ; c'est souvent le seul secret de la faveur obtenue.

— Certains maux s'atténuent par le temps, mais d'autres augmentent, ce sont les personnels.

— Un malheur qui vient après une longue attente est plus sensible.

— Le soleil qui luit pour tout le monde devient sans valeur.

— Si l'occasion fait le larron, le larron fait plus souvent encore l'occasion.

— Notre plaisir est souvent immoral, mais le spectacle de celui des autres l'est plus encore.

— Il y a des gens qui font des maladresses sans le savoir, d'autres s'en aperçoivent à mesure qu'ils viennent de les faire, ce sont les pires.

— Le manque de vue affine l'ouïe, le manque de vue et d'ouïe, l'odorat, le manque d'odorat, le toucher, de même le manque de société affine l'esprit.

— Pour avoir de la mémoire il ne faut jamais écrire, les illettrés en ont plus que tous.

— Si le soleil tournait autour de la terre, la terre mépriserait le soleil.

— Les hommes religieux détestent les incrédules, mais fréquentent volontiers les libertins.

— Ce sont les hétérodoxes qui deviennent le moins facilement libre-penseurs.

— En matière religieuse, c'est le schisme qui seul fit parfois réussir l'hérésie sous les monarchies.

— L'Université de nos jours ne persécuterait pas de nouveaux Galilées, mais elle les destituerait.

— Ce qui caractérise la noblesse, c'est bien moins le goût des chevrons et des besants que celui des chevaux, des chiens et des filles.

— La fierté du prolétaire, c'est l'insolence.

— Les mots ont plus de force que les choses, parlez au peuple de charité et voyez comment il vous recevra.

— Le dégoût est le sentiment qui survit à tous les autres, les moribonds n'ont plus d'appétit.

— On n'admet le médecin qu'en cas de danger et le prêtre qu'en cas de mort.

— Le regret d'avoir trop vécu rend indulgent, celui de ne pas avoir assez vécu rend impitoyable.

— Le jour souvent on ne compte pas une seule heure, la nuit, parfois on les compte toutes.

— Le fruit de l'art ne rougit que sous les rayons de la

vie, comme celui des plantes sous ceux du soleil, autrement il reste pâle et sans saveur.

— La bibliothèque est un salon où l'on choisit ses amis.

— La couverture du livre est la chemise de la pensée.

— On peut tout faire, on ne peut pas tout dire.

— Les gens bienveillants pour tous le sont plus sûrement que ceux qui ne le sont que pour nous.

— Les yeux sont une fenêtre que souvent par prudence il faut refermer en cas d'orage.

— Celui qui n'a rien est le plus prodigue de tous.

— Les particuliers deviennent prodigues quand l'Etat le devient, c'est la suggestion de la dépense.

— L'homme âgé a presque autant peur de la vie que de la mort.

— Le travail obstiné est l'ami du chagrin.

— La perte du paradis sans sa faute, quelle rancœur ! mais par sa faute, combien plus !

— Pour le chrétien, ce qui est la fin pour d'autres est le commencement.

— Les premiers chrétiens, pour parvenir plus vite au ciel, se faisaient suicider par leurs persécuteurs en proclamant leur foi et cependant le suicide était défendu.

— Le malade ne croit jamais qu'il guérira, ni l'homme bien portant qu'il sera malade, ni l'homme malheureux qu'il aura la chance, ni l'homme heureux qu'il est à la veille du malheur !

— Les anciens étaient fatalistes par instinct du déterminisme, adoraient les animaux par instinct du darwinisme, au moyen-âge on cultivait l'alchimie par instinct de la chimie, et l'astrologie par instinct de l'astronomie, l'instinct est partout le précurseur.

— L'instinct est souvent plus sûr que l'intelligence.

— Le subconscient est logé dans le sous-sol de la mentalité, l'inconscient dans les caves, les sensations habitent le rez-de-chaussée, l'intelligence, comme un riche propriétaire le premier étage, mais la volonté, comme celle qui travaille le plus, demeure dans les combles.

— Le découragement complet qui cesse d'agir est, comme la mort, le commencement du repos.

— Blasphémer Dieu est, dit-on, un acte de croyance, car comment maudire ce qui n'existe pas. Mais ne le peut-on pas sous condition ?

— Celui qui a un grand goût pour une science ou pour un art ne souffre pas qu'on cultive en même temps une autre science ou un autre art. Est-ce jalousie pour l'art ou jalousie pour soi ?

— Ceux qui voudraient être tout à fait justes ou tout à fait bons craignent pourtant de l'être, de peur de passer pour dupes ou de le devenir.

— L'homme politique invoque la tactique pour pouvoir être infidèle à ses principes, comme la femme les obligations du monde pour échapper à son mari.

— Trop de froid ou trop de chaleur paralysent tout l'homme.

— Il y a des écrivains de talent égal qui ont l'un l'haleine trop longue et l'autre l'haleine trop courte.

— Le malheur des autres est une demi consolation du nôtre ; celui de nos ennemis est une consolation entière.

— Entre deux longues œuvres intellectuelles il faut un temps de repos pour que notre potentiel se remplisse de nouveau, comme le bassin dont les eaux se sont écoulées.

— La ruine rend l'homme plus subversif que l'indigence.

— L'homme tient surtout au capital, sa femme aux revenus.

— La femme qui est la maîtresse de son mari est un phénomène qui n'apparaît tout au plus que pendant la lune de miel, c'est conforme au principe de la division du travail.

— Le fruit défendu est meilleur pour le palais, mais moins bon pour l'estomac, cependant il y en a qui le digèrent mieux.

— Pourquoi ceux qui parlent couramment du ventre de sa mère n'oseraient-ils jamais parler du ventre de son père ?

— Le tonnerre répond à la colère, la pluie à l'ennui.

— L'âne qui porte tant de fardeaux n'a pas au moins celui de la famille.

— L'homme cherchera en vain une pensée perdue, si une émotion ne la lui rapporte.

— Le langage transpose souvent pour la décence, comme le musicien pour la facilité ; mais on sait ce qu'il sous-entend.

— Voltaire a dit que le pire des genres est le genre ennuyeux. Il avait peut-être raison en France, mais pas en Allemagne où on le cultive en grand.

— La Fontaine a dit : « Variété, c'est ma devise ». C'est la devise des blasés, les affamés mangeraient tout.

— Malgré le proverbe, le soleil ne luit pas pour tout le monde, mais la lune luit pour le sommeil de tous.

— La banalité réussit mieux que l'originalité.

— Le journal pense pour le lecteur, et plus encore pour l'électeur incapable de penser.

— Le journal joue, dans la fécondation mentale, un rôle analogue à celui de l'insecte dans celle des plantes, il transporte l'idée contenue dans le livre.

— Chez le bureaucrate, la bêtise devient professionnelle ; chez l'homme riche, elle est héréditaire.

— La société donne un lit à tous, mais c'est tantôt celui de l'hôpital, tantôt celui de Procuste.

— Les Révolutions sont comme la Bourse, la baisse y suit toujours la hausse.

— Le politicien devient infidèle comme la plupart des autres cuisiniers, ce n'est que la main dans le sac qu'il rend le tablier.

— Le député est respecté et méprisé en même temps, cela est un des miracles sociaux du temps.

— Parmi les hommes politiques, c'est le plus riche qui ménage le plus les finances de l'Etat, parce qu'il a l'habitude d'épargner les siennes.

— Tout est souvent héréditaire : honnêteté, bravoure, passions, maladie ; ce qui ne l'est pas, c'est l'esprit.

— La paresse consiste autant à ne pas pouvoir changer de travail qu'à ne pas travailler.

— L'écrit et la parole sont antipathiques l'un à l'autre.

— Ce n'est qu'au début que beaucoup d'auteurs écrivent en vers, de même que les enfants et les peuples débutent par les réciter.

— L'amour dans les romans semble divin ; dans la conversation, honteux ; dans le mariage, ridicule.

— Le mari et la belle-mère sont devenus des lieux communs en littérature, comme la pluie et le beau temps, mais comme ceux-ci, ne s'useront jamais, ils sont trop commodes.

— Le peuple ne respecte que ceux qui le méprisent.

— Les idées nouvelles ne peuvent plus porter les anciens mots qu'elles démodent : l'âme est devenue la mentalité et la morale, l'éthique ; il faut qu'on ne les reconnaisse plus. De même, la charité semble tout à fait ridicule, la philanthropie qui l'a remplacée ne l'est devenue guère moins, et la solidarité deviendra une rengaine, de même que la jaquette a supplanté la redingote et disparaît devant le smoking.

— Un gain manqué est souvent aussi sensible qu'une perte ; si le dommage est moindre, il frappe en même temps l'amour-propre.

— C'est la spéculation qui tire surtout le goût du travail, comme les friandises, le goût du pain.

— Les croyances religieuses sont affaire de caractère et de naissance ; on les quitte, mais on y revient toujours à temps ; on ne se choisit pas plus une religion qu'on ne se choisit son nez.

— L'invraisemblable est ce qu'il y a de moins rare.

— La bonne humeur se lève dans l'esprit comme le soleil derrière les nuages, sans qu'on sache comment ni pourquoi.

— L'originalité est le plus grand éloge qu'on fasse à un écrivain et le plus grand ridicule qu'on inflige à tout autre.

— On vante toujours les grands poëtes classiques, mais on ne les lit jamais.

— Les gens du monde vont entendre les classiques à la Comédie française, comme ils écoutent les psaumes à l'église, sans y rien sentir, ni comprendre.

— Même lorsqu'on sait qu'une personne ne doit sa position qu'à l'intrigue, on ne l'en respecte que davantage, parce que c'est là le plus grand mérite.

— Le roi ou le président qui règne et ne gouverne pas est le dernier vestige du fétichisme, c'est la dernière divinité empaillée.

— C'est une ironie de la divinité que le soleil semble tourner autour de nous, comme si elle voulait nous tromper par nos propres sens.

— Quand nous nous plaignons d'un malheur, cela nous en attire souvent un autre, parce que nous y perdons l'attention et le sang-froid.

— Chercher la renommée posthume, c'est prendre l'ombre pour la proie.

— L'homme, par un poids invincible, est tellement attaché à la terre qu'il revient au sol qui a tremblé.

— Les grands malheurs, comme la machine pneumatique, font le vide total dans l'âme.

— Le roman ne nous émeut que parce que nous oublions que c'est une pure fiction.

— Quand nous pensons aux grandes douleurs, nous ne craignons plus la mort ; quand nous craignons la mort, nous ne pensons plus à la douleur.

— Le meilleur moyen de se consoler d'un mal, c'est de penser à un mal plus grand ou plus sensible ; le plus souffrant est relativement heureux quand il sait qu'il n'aura pas d'opération à subir.

— Il n'a pas été assez remarqué que, de même qu'on a pitié des autres, on peut avoir pitié de soi-même, cela peut même nous guérir ou nous calmer.

— L'amour platonique est un plat sans sel.

— La femme n'a jamais assez de sens pour l'homme, l'homme en a toujours trop pour elle.

— Un plus grand supplice que d'avoir faim sans manger, c'est de manger sans avoir faim, c'est celui des riches.

— En matière de morale, l'euphémisme a été plus pernicieux que le langage contraire.

— La mère en mariant sa fille lui impose, comme si elle

ne l'aimait pas, à son tour la corvée qu'on lui a imposée à elle-même.

— La femme, sans s'en douter, n'est religieuse que par intérêt sexuel.

— C'est au fond l'obligation de doter qui dispense les parents des jeunes filles de les aimer autant.

— La continence des gens religieux se tourne en gourmandise, celle des gens supérieurs en ambition.

— Celui qui table sur les récompenses d'outre-tombe est le plus hardi des spéculateurs.

— On s'habitue mieux à un bruit continu qu'à un bruit intermittent ; il en est de même des maux.

— C'est souvent celui qui est convaincu, qui peut le moins convaincre, parce qu'il n'emploie pas d'artifices.

— Le plus hardi dans les actes immodestes est parfois le plus timide dans leur expression, de peur de se trahir lui-même.

— La mode est très puissante, puisqu'elle a pu convertir le jour en nuit et la nuit en jour.

— La bicyclette est plus docile que l'animal et l'animal que l'homme.

— Le livre est un ami qui ne fatigue jamais, parce qu'il parle bas.

— Il y a plus de sympathie entre l'homme et son animal qu'entre l'homme et son domestique.

— Le prophète encore nombreux qui a survécu aux anciens, c'est celui qui prédit après coup.

— Les hommes faibles de caractère croient imposer leurs idées lorsqu'ils suivent celles d'un autre.

— Ceux qui s'aiment le mieux se disputent s'ils sont toujours ensemble, ils ont besoin d'être quelquefois absents.

— Celui qui a toutes ses dents n'a rien à manger, celui qui a beaucoup à manger n'a plus de dents.

— L'intelligence est ce qui nuit le plus à la volonté.

— Le sang-froid fait la moitié du bonheur et de la chance.

— Les parfaits conservateurs ne se conservent qu'eux-mêmes, c'est ce qui fait qu'en politique ils restent isolés.

— Si la caque sent toujours le hareng, le député sent presque toujours l'avocat.

— Les conservateurs ont pris le nom de droite, parce que venus les premiers, ils se sont choisi la meilleure place.

— Le rouge est la couleur du cardinal, du juge et du révolutionnaire, ils se sont tour à tour trempés dans le sang.

— Lorsqu'il existe beaucoup de partis politiques, il faut en adopter un, si l'on en a pas, sous peine d'être écrasé entre deux.

— La bonté ne s'acquiert pas, elle vient en naissant, comme un petit pied ou un joli nez.

— Les prisons sont pour les criminels une orthopédie qui ne redresse que de légères déviations.

— L'anthropométrie et les rayons X sont des photographies internes.

— La hiérarchie est une échelle où les plus élevés ne montrent jamais que le derrière à ceux qui montent.

— Le nonagénaire a autant d'espoir de vivre que le septuagénaire.

— L'homme sourit instinctivement à la réussite et se détourne du malheur des autres, comme s'il le croyait contagieux.

— Le caractère est la moitié de la destinée.

— Le malheur nous fait accuser tout le monde, même ceux qui ne sont pas cause de leur bonheur.

— L'altruisme qui n'est pas un peu mélangé d'égoïsme ne peut pas plus lever qu'un pain sans levain.

— Il y a des révoltes du cœur indigné, comme des révoltes de l'estomac ; elles sont plus dangereuses.

— Dans l'histoire, tous les oppresseurs se sont prétendus attaqués.

— Ce que femme veut, Dieu le veut, est un proverbe inventé par les hommes sans caractère.

— Le chagrin se console par le travail, mais moins par le travail mécanique que par celui qui met en branle la pensée.

— Lorsque la croyance s'affaiblit, c'est le théâtre qui remplace l'église.

— Quand l'orgueil et l'avarice sont blessés à la fois, la plainte échappe.

— La pauvreté serait tolérable si elle ne se doublait de la jalousie envers les riches.

— Les nobles en France depuis 89 ne prennent plus guère ce vocable qu'entre eux, pas plus que celui d'aristocrates, ils se souviennent de l'échafaud.

— Les pauvres ont rejeté le nom de pauvres, depuis qu'ils sont la plus grande partie du souverain, ainsi que les riches cachent le leur pour y rester.

— L'anthropologie a mis en contradiction la démocratie et la science, mais le cliché de fils de ses œuvres n'en reste pas moins en usage dans l'imprimerie.

— Les académiciens sans talent s'attribuent tout le surplus du talent de leurs collègues.

— L'académie est comme une maison dont la porte monumentale est fermée à triple verrou, mais où par derrière une petite porte reste ouverte.

— Autrefois, on refusait l'intelligence aux animaux, comme les droits de l'homme au peuple.

— Si les animaux savaient peindre, il y aurait des lois pour le leur défendre.

— Galilée aurait été consolé s'il avait su qu'au XIXᵉ siècle beaucoup d'inventeurs auraient été traités comme lui par l'Institut.

— La lutte entre les sens et le cœur est parfois aussi forte que celle entre les sens et la raison.

— Il y a des aliments qui poussent à la production mentale, comme d'autres à la production physiologique.

— Un malheur en amène souvent un autre, parce qu'en troublant l'esprit il fait commettre une maladresse.

— Le critère entre l'homme bon et l'homme méchant, c'est que le bonheur rend meilleur le premier, et le malheur moins bon, tandis que pour l'autre c'est l'inverse.

— La femme peut faire à la rigueur le bonheur de l'homme, mais l'homme ne fait jamais le sien.

— Les réformateurs des injustices sont ceux qui en souffrent, mais non ceux qui en ont souffert.

— La moindre fissure fend le bois, le moindre désaccord les esprits.

— Le chien qui hurle se tait avec du pain et le démagogue avec du gâteau.

— Tous les hommes sont aristocrates vis-à-vis des animaux.

— On a cru longtemps que le soleil tournait autour de la terre, on croit encore que Dieu tourne autour de l'homme.

— L'histoire reproduit sans cesse les mêmes situations : Coriolan, Condé, les émigrés, Pichegru, mais chacun apprécié différemment, ce qui est odieux chez l'un est indifférent ou louable chez l'autre.

— Les palinodies politiques sont presque toujours causées par l'intérêt, rarement par la vengeance ; c'est le crime le plus noble qui est le plus rare.

— La particule nobiliaire est une gravure dans le verre qu'on ne peut enlever sans briser le flacon.

— Les tournants de la vie sont cause d'accidents comme les tournants sur les routes, il n'y faut pas tourner trop court.

— Si l'on est injuste envers le génie, c'est qu'il n'est compris qu'un siècle après.

— Une pensée nouvelle doit être mâchée par la presse avant d'être digérée par le public.

— La preuve de la justesse de la pensée d'un écrivain, c'est que chaque lecteur croit l'avoir eue lui-même.

— Les jours de fête pour les autres sont les plus tristes pour ceux qui n'y participent pas.

— Souvent la justice résulte de deux injustices qui se neutralisent, c'est la plus sûre de toutes.

— La justice des lois vaut encore mieux que celle des hommes, c'est ce qui rend suspecte la prétendue équité, mais la plus grande partialité c'est d'appliquer tantôt l'équité, tantôt la justice, suivant le justiciable.

— Toutes les vertus peuvent se réduire en deux fondamentales : le courage et la pitié, qui peuvent remplacer tout le reste.

— La vie triste vaccine contre la peur de la mort.

— La franchise est la plus dangereuse de toutes les vertus.

— L'œuvre littéraire est de deux sortes, celle sans but et celle à thèse, la première est de l'art pur et l'autre de l'art appliqué.

— L'esprit se remplit d'inquiétudes, comme la chair de microbes, quand il s'affaiblit.

— Pardonner à Dieu est la suprême générosité.

— Quand l'homme ne peut plus accuser personne, il accuse Dieu.

— Quand la jeune fille ne peut plus aimer personne, elle aime Dieu.

— La pensée paralyse l'action et l'action la pensée, la parole paralyse les deux, aussi les orateurs sont les plus mauvais gouvernants.

— Le pauvre envie, mais ne déteste pas le luxe des riches, il en déteste, au contraire, l'avarice, parce qu'elle lui nuit.

— Tous les hommes luttent ensemble par les parties supérieures de leur personne et fraternisent par les inférieures ; ainsi la naissance les rapproche autant que la mort.

— La conséquence ultime du féminisme sera le refus de maternité, cela seul peut égaler la femme à l'homme.

— Si les religions poussent à la procréation, ce n'est pas dans l'intérêt de la race, c'est pour compenser le péché sexuel.

— La philanthropie n'a été qu'un passage de la charité à la solidarité, le pont a croulé à l'arrivée.

— La société ancienne disait : noblesse oblige, celle-ci dit : noblesse condamne.

— La particule nuit à ceux qui y ont droit, elle profite à ceux qui l'usurpent.

— La vieillesse est la mort donnée par petites doses, elle vaccine non contre l'effet, mais contre la sensation de celle-ci.

— L'ennui tant redouté est cependant l'absence de malheur en même temps que de bonheur.

— Chaque pensée d'un de nos grands moralistes renferme un volume qu'il n'a écrit que dans sa tête.

— La nature de l'homme est d'attendre toujours quelque chose, c'est ce que fait le moribond qui ne peut attendre rien que l'éternité.

— Le transfuge est plus zélé qu'un autre adhérent, car il ne demande pas de récompense et a à se faire pardonner de ce qu'il fut.

— L'homme n'a qu'une seule bouche pour manger, mais combien de dents pour mordre? il en a trente-deux.

— Le dégoût de tout précède souvent la mort et l'annonce parfois.

— Les obligations qui n'ont qu'une base sociale ne peuvent valoir que si l'on a intérêt à la société.

— La plus grande force de certaines idées, c'est qu'elles n'ont pu encore être nettement formulées; la clarté les ferait tout à coup disparaître, comme ces champignons de mer qui fondent sous la main.

— Les lendemains de fête et les lendemains de catastrophe, la tête se vide pareillement.

— La biographie se comprend mieux que l'histoire, et la personne en portrait se voit mieux qu'en groupe.

— La biographie est la forme la plus palpable de la psychologie.

— La littérature à thèse est tantôt psychologique, tantôt sociologique, la première domine le roman et la seconde le théâtre.

— C'est le désir de réussir qui empêche un auteur d'être entièrement lui-même, parce qu'il deviendrait trop hétérogène à son public.

— Il y a une force capable de vaincre la vapeur et l'électricité, c'est la routine.

— Nous avons tellement d'antipathie pour l'étranger que nous en avons même pour le Français d'une autre ville.

— Le peuple considère toutes les langues étrangères

comme des patois, mais ne croit pas parler patois lui-même.

— La fille se distingue de la mère par l'égoïsme.

— L'amour des parents ne se complète que par l'orgueil, c'est pour cela qu'on préfère le fils à la fille.

— Les ascendants ne comptent que par la particule, comme les chiffres par le zéro.

— La paternité incertaine forme les pieds d'argile de l'orgueil nobiliaire, de même que la réélection, ceux de l'orgueil démocratique.

— La locution : passer à la postérité, est une ironie, puisqu'il n'y passe que le nom seul, moins que l'ombre.

— La société est une foule où l'on pousse sans le vouloir, étant poussé soi-même.

— Ce qui trompe dans les romans, c'est que les romanciers y entendent trop finesse, y cherchant plus de nuances qu'il n'en existe.

— Aujourd'hui l'on accuse la société des crimes des individus, et cependant on ne condamne pas la société.

— Le couvent est une famille artificielle, c'est celle de ceux qui n'en ont plus.

— La province s'organise toujours sur le modèle de la capitale, elle a eu ses petits jacobins, elle a ses petits blocs.

— Ce qui retarde les progrès, c'est qu'on rejette toujours comme majorité ce qu'on avait préconisé lorsqu'on était minorité, la chrysalide étant devenue papillon.

— Il y a des indigestions de lecture comme des indigestions d'estomac ; pour s'assimiler une pensée, il faut la mâcher, même la ruminer.

— L'admiration spontanée qu'on a pour un grand talent et son œuvre tombe si elle n'est pas soutenue par le public.

— On a besoin d'illusion pour agir, comme le soldat a besoin de chanter pour marcher, et l'enfant pour ne pas avoir peur.

— Toutes les peurs se tiennent, puisqu'elles viennent d'un même fond d'esprit ; cependant le timide ne veut pas être peureux.

— Le politique qui n'est pas sincère temporise toujours.

— Le déni de justice est plus fréquent que l'injustice.

— L'incertitude est ce qui prend le plus de temps.

— L'espoir de profiter un jour de l'injustice est ce qui contribue le plus à la faire durer.

— Le livre nous illusionne sur la personne de l'auteur, mais celle ci, une fois connue, nous désillusionne sur le livre.

— Le mariage avant l'introduction du divorce était un achat, maintenant c'est une location : lequel est le plus moral ?

— Les hommes politiques ne sont hardis que dans les principes, mais en pratique, le ministre craint le chef de bureau trônant sur son rond de cuir.

— Ce qui empêche d'adopter un parti extrême, c'est que, dès avant de réussir, ses chefs montrent déjà le bout de l'oreille.

— Est-il beaucoup d'hommes qui voudraient renaître à condition de revivre exactement la même vie ?

— Le genre humain a commencé par le paradis terrestre, est passé par la croyance au paradis céleste et maintenant revient au premier.

— Songe-t-on qu'il y a autant de morts dans la terre que de poissons dans la mer ? Non, car ils ne sont pas comestibles.

— La toilette fraude, comme le font les architectes, on y déguise le vide par le plein et on paie en conséquence.

— La réunion de toutes les classes dans le suffrage universel a précisément pour résultat mathématique d'éliminer l'une d'entre elles.

— La fausseté du suffrage universel consiste en ce qu'il ne compte que le nombre et non le poids.

— Le presbyte ne comprend pas le myope, celui-ci ne comprend pas l'aveugle.

— Les arts voisins se font tort les uns aux autres ; la musique a chassé la poësie.

— Depuis l'état international actuel, par un progrès certain, il n'y a plus d'épée que celle de Damoclès, laquelle coûte cher, seulement au lieu de tuer, elle ruine.

— Dans la société on ne passe à une question qu'après l'autre. Tant que le peuple a mangé du prêtre, il n'a pas eu faim d'autre chose.

— Ce qui peut d'abord le plus consoler l'homme malheureux, c'est la religion ; mais c'est pour le tourmenter ensuite.

— Dès qu'un lien disparaît, il s'en forme un autre ; quand ce n'est plus la religion, c'est le monde ou la société qui tend le lasso.

— Nous n'entendons jamais la pendule que lorsque nous attendons quelqu'un ou quelque chose.

— Un nouveau serment imposé à un fonctionnaire pour une nouvelle fonction, c'est le comble de la défiance, si ce n'est le comble du ridicule.

— Le serment dans un état d'incroyance religieuse, c'est appeler à son secours un dieu mort.

— Le serment en justice qui devrait révolter surtout les croyants ne révolte que les athées.

— Est-ce une sagesse de se préparer toute sa vie à la mort au lieu de vivre ?

— Le libre penseur est damné pour la vie future par le chrétien, celui-ci est damné dans la vie présente par l'autre. Lequel est le plus intolérant ?

— Les ministres sont bons pour tous les ministères, comme les bonnes à tout faire pour tous les services.

— Les petits malheurs sont parfois une vaccine du sort qui préserve des grands.

— La faveur ouverte vaut encore mieux que celle qui se déguise sous forme d'examen ou de concours.

— Celui qui dit toute la vérité et rien que la vérité fera bien de n'entrer dans aucun parti.

— Il vaut mieux dépenser que perdre ses économies.

— La fortune dans la vieillesse ne vaut que comme une assurance.

— L'hérédité de la fortune est une compensation de l'hérédité des maladies.

— Les compagnies d'assurance mettent dans les statuts des clauses imprimées, comme on tend des souricières, on y entre facilement, mais on ne peut en sortir.

— Les compagnies d'assurances paient souvent, mais ont toujours l'intention de ne pas payer.

— Si l'on veut savoir ce qui se passera après notre mort, il n'y a qu'à changer de résidence ou même de fonctions.

— Les vacances des hommes sont parfois aussi dures que celles des écoliers sont douces.

— Les femmes préfèrent un homme d'esprit à un homme de cœur, mais elles préfèrent aux deux un homme du monde.

— Le monde condamne certains vices auxquels conduisent d'autres vices qu'il absout.

— Pour les riches la probité est surtout une vertu de domestique, comme la chasteté une de moine.

— La religion, comme l'irreligion, est une affaire de sexe.

— Entre la religion de l'homme et celle différente de la femme, il y a une cloison sexuelle.

— Le danger perpétuel est loin de moraliser, il faut jouir alors tout de suite et de toute façon, si l'on craint de ne pas en avoir le temps.

— Que d'hommes de génie n'auraient pas produit de chefs-d'œuvre, s'ils avaient été riches ou heureux! Dans l'intérêt de l'art, il faut les persécuter le plus possible. La société n'y manque pas.

— Qui voyage voudrait le faire toujours ; qui ne voyage pas voudrait ne le faire jamais.

— La quantité nuit à la qualité d'une œuvre, mais souvent sans la quantité, la qualité ne viendrait pas.

— Les vexations rendent plus sensibles les grands chagrins et les empêchent de guérir.

— L'esprit est comme un objet électrisé, il n'y a qu'une électricité de nom contraire qui l'attire.

— C'est le malheur imprévoyable qui frappe le plus ; cela diminue la crainte de mort chez le militaire.

— Le flux de paroles est un signe de faiblesse morale, comme le flux de ventre, de faiblesse physique.

— Le plus beau soleil nous est indifférent, s'il ne répond à un rayon intérieur.

— L'œil qui se voit lui-même annonce une maladie de l'œil ; l'esprit qui se voit et s'analyse toujours, une maladie de l'intellect.

— Les jouissances du corps calment les tourments de l'esprit, les jouissances de l'esprit calment les souffrances du corps.

— Le choix d'un mot peut incarner toute une théorie, il y en a qui parlent sans cesse d'âme et d'autres de mentalité, ils ne voudraient pas pour tout au monde prononcer l'autre ; on se croirait au Concile de Nice.

— L'impie autrefois blasphémait le nom de Dieu, maintenant il ne veut même pas le prononcer, c'est le dernier cri de la mode.

— Pour effrayer les oiseaux on installe, suivant les cas, un jésuite ou un franc-maçon, et le jardin du bourgeois est bien gardé.

— Le seul homme vraiment libre est le nomade, l'autre a pris racine.

— L'homme le moins routinier l'est encore ; il ne suit pas l'ornière des autres, mais il rentre dans la sienne.

— Le repos sans divertissement ne repose pas l'esprit, celui-ci travaille dans le vide.

— L'argent mène rarement aux honneurs, les honneurs souvent à l'argent.

— Il n'y a vraiment rien de si contraire à l'honneur que les honneurs.

— Le blé se sème pour en récolter, parfois l'argent.

— Nous admirons la naïveté de l'enfant, nous méprisons celle du jeune homme, mais où est la limite ?

— L'entrée en religion imite l'entrée en la mort. Pourquoi ?

— Les petits enfants sont souvent la revanche des grands parents,

— La vie des parents empêche la nécessité d'interdire les enfants.

— Nous avons plus de peine à comprendre l'infiniment petit que l'infiniment grand, parce que nous voyons davantage du second.

— L'imprimeur vole le libraire, celui-ci l'auteur, les auteurs se volent entre eux. Le producteur vole le marchand en gros, celui-ci le marchand en détail, ce dernier les consommateurs ; c'est ce qu'on appelle les harmonies économiques.

— C'est la parole qui fait la supériorité de l'homme sur les animaux, de l'orateur sur l'homme et du hâbleur sur l'orateur. Comment s'étonner que les avocats soient si prolixes ?

— La langue française est très euphémique, quand il s'agit d'exprimer les choses grossières, mais c'est précisément ce qui la rend indécente quand il s'agit d'exprimer des choses innocentes ou indifférentes, parce que cela multiplie les mots à double sens.

— Le sang-froid et l'égoïsme, lorsqu'ils sont réunis, assurent le succès, car le premier fournit le moyen et le second donne le but.

— Un coup de bourse peut tuer un homme aussi sûrement qu'un coup de pistolet.

— Pour annoncer une mauvaise nouvelle on a l'habitude de la couper en tranches et de la faire avaler par morceaux, il en est de même d'une trop grande joie, l'âme humaine a son maximum de tension.

— On n'aime jamais personne autant que soi, mais il est bon de s'imaginer le contraire.

— Avant de remonter à la surface, il a fallu souvent descendre jusqu'au fond.

— Un peu de chagrin inspire le poëte, trop lui tire toute inspiration.

— L'esprit a ses dégoûts comme l'estomac, le cœur a aussi les siens.

— Un malheur d'autrui est une consolation du nôtre.

— On est honteux de trop de malchance, comme d'un vice.

— On veut d'abord inspirer l'envie, si on ne le peut, la pitié, jamais l'indifférence.

— On dit que la mort rend tous les hommes égaux, en tout cas cette égalité ne commence pas avant le surlendemain.

— La folie de construire va jusqu'à se faire bâtir sa dernière maison après sa mort.

— On commence par être honteux d'un vice, on finit par en être fier.

— La toilette est devenue pour la femme une seconde peau, tant son artifice consiste à faire prendre l'une pour l'autre.

— Quelle différence y a-t-il entre la femme qui se marie pour de l'argent et celle qui se prostitue? La même qu'entre la vente et la location.

— Quand on dit d'une femme qu'elle a de belles épaules ou une belle jambe, c'est par euphémisme, tout le monde comprend que ce n'est pas tout.

— Les extrêmes se touchent, les femmes à force de civilisation finissent par se décolleter au niveau des sauvages.

— Le piano, qui est pour l'homme un instrument d'art, est pour la femme un instrument de mariage.

— Le flirt est le frottement d'une allumette qui ne doit pas prendre feu.

— Goethe, en écrivant *Faust*, était, sans le vouloir, le chantre de la passion sénile, comme plus tard Zola dans le *Docteur Pascal*.

— Le christianisme a découvert mieux que la mort individuelle, la mort collective, dans la fin du monde.

— Les collectivistes et les moines qui devraient sympathiser plus que tous, puisqu'ils prêchent la même vie, se haïssent plus que tous.

— Le penseur en veut moins à celui qui rejette son idée qu'à celui qui a eu la même idée que lui.

— L'ennui est dans l'esprit ce que la pluie est dans la nature.

— Le travail qu'on choisit n'est pas un véritable travail, les anciens l'appelaient : loisir.

— Un auteur qui traite un sujet imposé est toujours inférieur à lui-même, l'esprit ne prend sa saveur qu'en liberté, comme le gibier en plein air.

— Le talent qui rend incapable des choses de la vie est nuisible, le génie encore plus.

— Le loisir est un plus grand tourment pour l'esprit que l'occupation.

— Comme les plantes, il y a des talents qui ne peuvent réussir dans certains milieux.

— La banalité est le fumier où pousse la vogue.

— Le fonctionnaire est moins libre que le criminel, celui-ci ne subit que l'interdiction de certains séjours, au fonctionnaire on fixe le sien, quelquefois pour la vie.

— Les paysans de certaines provinces appellent leurs cochons : ministres. Comment alors appeleront-ils leurs députés ?

— L'homme actif d'esprit préférera même le travail manuel à toute absence de travail.

— Pour l'homme du travail manuel, le travail intellectuel passe pour une paresse ; de même à l'intellectuel, le travailleur manuel semble n'avoir rien fait qui vaille.

— Les procéduriers trouvent ridicule le rituel religieux, mais ne voudraient pas omettre une virgule du leur, pas plus que le mondain un seul salamalec.

— Le plaisir intellectuel croît en raison inverse d'un plaisir sensuel, mais lui reste toujours inférieur.

— L'étoile luit moins que le soleil, quoiqu'elle soit souvent plus brillante, de même le génie, moins que le talent, pour la même raison, parce qu'il est plus loin de nous.

— L'égoïsme non seulement réussit mieux d'habitude que l'altruisme, mais il est mieux reçu, même de celui que l'altruisme favorise et qui le considère comme une infériorité.

— La naissance est bruyante comme la mort, le vagissement répond au râle.

— L'anesthésie est précédée d'une hyperesthésie aussi

bien dans le monde mental que dans le monde physiologique.

— Un malheur ne s'additionne pas par un autre, il se
multiplie par lui.

— La guerre civile est pire que la guerre étrangère, la
guerre domestique pire que la guerre civile.

— Le marasme est la mort de l'esprit ; l'inquiétude, sa
maladie.

— Le premier luxe qui apparaît est celui de la toilette,
puis vient celui de l'habitation, enfin celui du langage ; ils se
perdent dans l'ordre inverse.

— Chaque musique a son emploi, le violon pour la danse,
la cloche pour la religion, le tambour pour la guerre, le
chant pour la poésie, mais le cri humain est pour tout.

— Le demi-nu fait plus d'effet que le nu, parce qu'il est
à la fois lubrique et chaste, il attire et retient.

— La musique et la peinture ont vaincu l'art oratoire, ce
qui le prouve, c'est qu'une conférence n'a plus de succès
sans des chants ou des projections.

— Il est curieux qu'à côté des précurseurs de la science,
il y ait ses retardataires qui, comme Pascal, inventent de
nouveau ce qui est déjà connu, et enfin des inventeurs, qui,
chacun de leur idée et sans se connaître, inventent au même
moment.

— Si l'inventeur est souvent malheureux, le précurseur
l'est toujours ; il est privé, non seulement du bénéfice, mais
de l'honneur même.

— Une suite de biographies constitue une galerie psychologique, ce sont les portraits des esprits.

— Le panthéisme est une religion acéphale où la verté-
bre remplace le cerveau.

— On peut bien adorer ce qu'on a brûlé, mais brûler ce
qu'on a adoré répugne davantage aux esprits délicats.

— Parler peut être un supplice pour celui qui écrit,
mais écrire peut aussi en être un pour l'orateur.

— L'homme d'aujourd'hui peut être jaloux du soi d'autrefois, s'il lui est maintenant inférieur dans ses œuvres.

— Il n'existe au gros chagrin que deux remèdes : la distraction et le travail. Le meilleur est le second, si on a la force de le supporter.

— La religion serait bienveillante autant que juste, si dans la vie future elle anéantissait les méchants et récompensait les bons.

— La métempsychose et l'hérédité atavique sont en contradiction flagrante, la première nous conserve et la seconde nous supprime personnellement par punition.

— L'esprit se nourrit, à l'instar du corps, par la lecture, et il reproduit comme lui, par la génération, des œuvres de l'esprit.

— On n'est sûr de rien, sinon de l'arrivée de l'imprévu.

— Le criminel qui avoue joint la bêtise au crime, celui qui va jusqu'au bout a seul la chance de l'impunité.

— Le sursis accordé par la loi, dite Bérenger, est un prix Monthyon accordé au crime par un philanthrope.

— Le juré trop consciencieux fait plus de mal que le plus insouciant.

— Le criminel novice ne peut dormir, le criminel endurci dort du sommeil du juste.

— L'amendement du malfaiteur est aussi efficace que le domptage d'une vipère.

— Comme la vie, le sommeil a plus souvent des cauchemars que des rêves aimables; il est meilleur quand il fait goûter au néant.

— Le mauvais locataire fait le bon propriétaire et le bon propriétaire fait le mauvais locataire.

— On dispute des différents arts, la peinture l'emporte certainement sur la musique pour ce seul motif qu'elle ne fait pas de bruit.

— Si l'on pensait à la mort, on ne s'ennuierait jamais dans la vie, qui se suffirait comme amusement.

— Le plus frappant exemple des causes finales c'est l'amour.

— Si l'amour était éliminé, combien resterait-il de romans, de drames, de vers, de statues, de chants, de tableau, de toilettes dans le monde entier ?

— Rien de si triste qu'un jour de fête triste ; rien de si dur qu'un lit dur ; rien de si lourd qu'un esprit lourd.

— Un beau roman est un beau jour, le beau vers est un éclair.

— L'homme bien portant a seul une âme entière.

— La mésalliance entre eugénique et bourgeois est aussi grande que celle entre bourgeois et prolétaire, celle-ci aussi grande que celle entre blanc et nègre ; mais il y a un remède à toutes, c'est de les passer de la main droite à la main gauche.

— Les sociétés financières multiplient les signatures comme les lois le serment, leurs registres sont toujours un triple verrou.

— Celui qui parle sans cesse de sa probité est généralement malhonnête.

— Chaque classe sociale, de même qu'un peuple étranger, regarde les transfuges qui lui viennent avec défiance, elle ne les accueille que s'ils font surenchère.

— On n'est bien avec Dieu, comme avec le diable, qu'à force de cérémonies.

— On dit qu'un mauvais arrangement vaut mieux qu'un bon procès, mais c'est à condition que cet arrangement ne sera pas à son tour cause d'un procès nouveau.

— Le parasité a parfois besoin du parasite, comme le parasite du parasité.

— Si la mort commence une seconde vie, c'est alors la plus forte raison de craindre la mort.

— La visite aux amis âgés après leur longue absence est une visite au cimetière.

— La musique peut être plus insupportable que le bruit.

— La procédure est une transformation de la guerre, elle est parfois plus meurtrière et encore moins loyale.

— Ce qui effraye le plus n'est pas la première chute, mais la seconde, car c'est la prédiction de beaucoup d'autres.

— L'argent est un sang plus visible, on s'aperçoit de suite, lorsqu'il est malade.

— Au moyen-âge, ce qui faisait paraître toutes les peines moindres, c'était la perspective de l'enfer.

— Les protestants ont dépeuplé le ciel, mais ils ont cru imprudent de toucher à l'enfer.

— L'ascétisme est une sorte d'avarice mystique.

— La science officielle est une barrière qui se referme, aussitôt qu'entrebaillée pour laisser passer les disciples.

— Une des habiletés politiques, c'est d'invoquer, tantôt la tactique, tantôt les principes.

— Si, comme on le dit, le doute profitait toujours à l'accusé, il n'y aurait jamais de condamnation qu'en cas d'aveu.

— On institue une Cour de cassation pour empêcher la violation de la loi et des jurys pour la faciliter. Quelle logique ! C'est fermer une porte et en ouvrir une autre.

— La Bruyère et La Rochefoucauld ont de hautes pensées, mais les proverbes populaires en ont encore de plus profondes.

— Les phrases les plus originales deviennent vite des clichés, des chansons, des scies, et les vérités, des rengaines ; mais ils servent en l'état et jusqu'à la découverte prochaine.

— L'inspiration s'accumule par la vie et se décharge par une œuvre d'art, comme dans l'électricité.

— L'art a besoin de la vie et la vie n'a pas besoin de l'art.

— Malthus a prêché la moralité et ses successeurs l'immoralité, mais c'est que la première par son impossibilité pratique conduisait à l'autre.

— L'avortement fait l'objet de notre horreur officielle et de notre indulgence mondaine, parce que plusieurs classes sociales le pratiquent, tandis que l'infanticide est rejeté, parce qu'il n'est en usage que dans les classes inférieures.

— Beaucoup de femmes voudraient être des hommes, pas un homme ne voudrait être une femme.

— L'homme inférieur hait l'homme supérieur, autant que celui-ci méprise l'autre.

— La pauvreté empêche de mourir.

3

— Les événements graves peuvent retourner subitement le caractère, les idées le font rarement.

— Les amis de Dieu lui sont parfois plus funestes que ceux qui le maudissent.

— La gâterie des jeunes a remplacé le respect des vieux.

— L'orateur n'envie pas l'écrivain, l'écrivain envie l'orateur.

— Certains poëtes ne peuvent écrire en prose, pas plus que le prosateur en vers, ils n'en sont pas moins de l'Académie, mais sont privés de lecteurs.

— L'écrivain passe souvent des vers à la prose, mais jamais de la prose aux vers.

— Autrefois les prophètes étaient inspirés, plus tard ce furent les poëtes, maintenant ce ne sont plus que les politiciens.

— Ce n'est qu'une politesse de s'intéresser aux autres ; au fond, on ne s'intéresse qu'à soi.

— Dans la civilisation les uns tiennent le flambeau, mais de bien plus nombreux tiennent la chandelle.

— Ceux de droite sont des hypocrites et ceux de gauche sont des cyniques, lesquels choisir ?

— Quand l'union libre deviendra susceptible d'adultère, comme le mariage, on n'en voudra plus.

— L'homme malheureux est encore heureux d'avoir été heureux, il jouit du souvenir ; que dire de celui qui ne l'a jamais été ?

— Certaines gens sont heureux par l'imagination, autant que d'autres par la réalité.

— Deux personnes malheureuses ensemble se resserrent d'abord l'une contre l'autre et s'unissent davantage ; mais si le malheur augmente, elles se détachent, de même que la chaleur à un degré moindre combine les éléments chimiques et à un degré supérieur les dissout.

— On ne peut impunément être hétérogène aux autres qu'à force de génie.

— C'est une singulière déception de voir qu'un danger qui menaçait notre ennemi a disparu.

— Le travail est une cheminée où l'on brûle beaucoup de

bois pour peu de chaleur ; l'intrigue est un calorifère qui chauffe toute la maison.

— Chacun est heureux de rentrer dans son caractère, comme dans sa chambre, après en être sorti.

— La promenade continuelle prouve autant de paresse que le lit.

— Quand la journée semble longue, il faut la couper, et chaque morceau semble court.

— L'entière perfection paraît chez un autre aussi insupportable que l'entier désordre.

— L'homme chaste de tempérament ne comprend pas plus l'autre que le poisson ne comprend la pomme.

— Le plaisir est surtout dans les préliminaires, aussi les vrais amateurs ne se hâtent pas d'aboutir.

— Un roman sans amour c'est une cheminée sans feu.

— L'oiseau chante toujours pour le poëte, il fiente sans cesse pour les autres.

— L'amour platonique est une chemise transparente.

— Les yeux sont les fenêtres de l'amour, mais ailleurs est sa porte.

— Les morts ne parlent pas, si ce n'est ceux qui ont écrit.

— Une femme qui gronde s'entend mieux que le tonnerre.

— Celui qui écrit une idée nouvelle a le plaisir de l'avoir enfantée ; mais aussi auparavant de grandes douleurs.

— Créer en tout genre, physiquement et intellectuellement, est pour l'homme le plaisir d'un dieu.

— Toute religion qui n'est pas une mythologie n'est plus qu'une philosophie.

— Celui qui est malade n'a pas faim, celui qui est bien portant n'a pas soif.

— N'être célèbre qu'à sa mort, c'est se mettre à table quand les autres sont partis.

— La bibliothèque publique est le cimetière des auteurs.

— L'antipathie est la pire des inimitiés.

— Il n'y a qu'un point où la nature, la société, la religion et l'hygiène soient d'accord : la maternité, et c'est là que l'esprit a le plus de résistance.

— Chez l'homme on distingue entre les monogames et les polygames; il serait plus juste de distinguer entre les phanérogames et les cryptogames.

— Le politicien est à l'homme politique ce que le singe est à l'homme.

— Une pensée détachée d'un contexte c'est une fleur coupée, elle n'a plus longtemps de parfum.

— Le sommet d'un grand esprit est comme celui d'un arbre, beaucoup de passants n'y peuvent grimper.

— La justice est aussi souvent muette que sourde, il faut la féliciter quand elle n'est que boiteuse.

— Ce n'est pas toujours le juge qui dort en écoutant, c'est aussi l'avocat qui dort en parlant.

— Le juge encourage à avouer, mais ne remercie jamais de l'aveu, au contraire.

— L'avocat ne se plaint jamais des frais du procès, même quand son client perd, parce qu'il gagne toujours.

— Pour trouver une idée, il ne faut pas la chercher; pour gober une mouche, il vaut mieux attendre qu'elle tombe.

— L'histoire prouve que lorsque le loup devient agneau, l'agneau devient loup.

— Le comble de la misère, c'est d'être vieux et pauvre.

— Si l'on recommençait la vie avec le même caractère, on ferait les mêmes fautes.

— Croire à l'amendement du criminel, c'est croire qu'on peut faire disparaître le venin du reptile.

— Les rafales de la Bourse sont plus violentes que celles de l'Océan; d'ailleurs elles traversent l'Atlantique aussi bien que les autres.

— Le désir trop grand d'achever retarde.

— La mauvaise humeur est la colère devenue chronique,

et comme les maladies de ce genre, elle est plus difficile à guérir.

— L'ennui est le seul sentiment que la littérature n'ait pas décrit; c'est de peur de le faire subir.

— Le malheur n'excuse pas seulement le mal pour le passé, il l'innocente pour l'avenir.

— Ce sont les caractères pacifiques, lorsqu'ils ressentent vivement l'injustice, qui deviennent les plus rebelles.

— La crise est dans l'ordre moral ce qu'est l'orage dans la nature, elle contient un ozone qui purifie.

— Ceux qui réforment superficiellement les lois sont comme ceux qui ne touchent à une chose sainte que pour la profaner.

— La libre pensée peut être le contraire de la pensée libre.

— On ne pêche bien qu'en eau trouble, l'esprit ne recueille qu'après une agitation de la vie.

— On a peur de se reconnaitre dans une comédie ou dans un roman, comme dans un miroir, mais on a plaisir à y reconnaitre les autres.

— Le dédain nous blesse souvent plus que le mépris.

— Si nous avons 70 ans, nous nous félicitons de ne pas en avoir 80; si nous en avons 80, de ne pas en avoir 90.

— L'homme savant n'aime pas qu'on l'appelle érudit, pas plus que l'homme héroïque, vertueux.

— La fécondité d'un écrivain de talent contrarie son confrère plus que tout le reste, parce qu'elle le menace de nouveaux chefs-d'œuvre.

— L'écrivain est un orateur à longue portée.

— La poésie, si elle est déclamatoire, n'a qu'un temps, comme l'aurait le discours lui-même.

— La femme du monde le sera encore dans l'autre monde, si elle survit.

— Dans son salon, on célèbre presque autant de cérémonies que dans une église.

— Si l'homme ne sentait plus aucun lien, au lieu d'être plus à l'aise, il serait gêné de lui-même.

— La morale pour la plupart tient à de petites obser-
vances ; si celles-ci disparaissaient, elle disparaîtrait.

— L'ami d'une femme n'est jamais que son amant de
demain ou d'hier.

— Le seul amour qui ne soit pas sexuel, c'est l'amour
maternel, précisément parce qu'il est le résultat de ce qui
le fut.

— Le mâle fait la cour à la femelle, comme le monsieur
à la dame, tandis que c'est la femme du peuple qui fait la
cour à l'homme de sa classe.

— L'esprit distingué est souvent un esprit faux, la vérité
est plus banale.

— La science officielle est à la science libre, ce que l'eau
croupissante est au fleuve.

— L'auteur qui a produit son chef-d'œuvre produit ensuite de moins en moins bon, comme on descend une montagne à partir de son sommet.

— L'homme qui obtient la liberté ne sait d'abord qu'en
faire, comme celui qui sort des ténèbres ne peut ouvrir les
yeux.

— Le plaisir du voyage consiste surtout dans le départ.

— Le paradis céleste n'est que l'ombre du paradis terrestre.

— Une joie manque au riche de naissance, celle de l'être
devenu.

— Le riche de naissance ignore le prix de la richesse,
comme celui qui voit le prix de la vue.

— L'amour libre dure peu, conjugal moins encore.

— Tout le monde est ami dans le désert et ennemi dans
la foule.

— Tout homme ment à un autre, le poëte se ment à lui-
même.

— Celui qui aime le mieux son défaut, le souffre le
moins chez autrui.

— C'est la sexualité qui attire l'amant et éloigne l'époux.

— C'est souvent l'instruction primaire qui fait la classe
à l'instruction supérieure.

— Appeler l'instituteur maître d'école, le concierge portier, le coiffeur barbier, et les cabinets de leur ancien nom, c'est commettre une impolitesse que personne ne pardonne.

— L'amour de la toilette est une maladie contagieuse, qui de la femme est passée de nos jours à l'homme.

— Le départ en voyage est un besoin d'âge tendre ; le retour, celui d'âge mur ; l'immobilité, celui de vieillesse.

— L'expérience n'est un bienfait que pour ceux qui l'ont cueillie sans la payer.

— La nuance est l'aristocratie des couleurs, comme des sons.

— Le gourmet est l'aristocrate de la gourmandise.

— L'homme du peuple a la franchise de sa brutalité.

— Le décadent est le singe de la poësie, comme l'hypocrite le singe de la dévotion.

— La tranquillité d'esprit est le commencement du bonheur.

— L'islamisme a dû ses succès moins à son prophète qu'à ses houris.

— L'agitation n'est pas l'activité, mais la détruit.

— Si l'on n'aime pas la poësie, on l'a en horreur ; si l'on n'aime pas la musique, de même.

— La chasteté conserve les sens, comme le frigorifique la viande, on ne l'enlève qu'au moment de la consommation.

— La fille à marier est une victime traînée au bûcher par ses parents d'Aulide ou d'ailleurs.

— Le modèle du mari et du père n'a pas encore eu sa statue, c'est le crapaud accoucheur, les apôtres de la repopulation lui en dresseront une.

— L'être le plus hybride qu'ait produit la nature semble être la chauve-souris; mais celui qu'a produit la société, c'est le politicien.

— L'Académie française est le lieu de castration du génie.

— A l'Académie française on met un mauvais entre deux bons, comme le gourmand une mauvaise bouchée entre deux bonnes, le public avale le tout.

— La Cour de cassation est l'hôtel des Invalides de la magistrature.

— Piron dans son mot fameux a dit plus vrai qu'il ne croyait, il voulait calomnier et n'a fait que médire.

— L'avancement dans la carrière fait au magistrat d'une façon plus continue le même effet qu'à Saint-Antoine la tentation dans le désert.

— En bâtissant les palais de justice l'architecte n'a pas oublié un mât de cocagne.

— L'avocat envie le magistrat et le magistrat envie l'avocat.

— Dans le maquis on tire des coups de fusil, dans la procédure on tire à taxe.

— Un député peut ignorer toutes les lois présentes, c'est déjà pour lui beaucoup de connaître les siennes.

— Avant qu'un ministre lâche la corde, beaucoup y seront pendus.

— Si un individu était dépensier comme l'Etat, il serait interdit depuis longtemps ; s'il volait comme lui, il serait depuis longtemps en prison ; s'il tuait, comme lui à la guerre, il serait depuis longtemps pendu.

— L'antialcoolisme tient le record du lieu commun, tous les journalistes, les médecins et les orateurs devraient être reconnaissants à l'ivrogne.

— L'antialcoolisme et le végétarisme ont succédé au jeune et à l'abstinence ; c'est l'ascétisme laïcisé.

— La promenade est un voyage à la portée des pauvres, ils en reviennent tout aussi instruits que les autres.

— La bourgeoisie abandonne aujourd'hui le chapeau à haute forme pour le melon, afin de se procurer la dignité de prolétaire.

— Les immenses chapeaux arborent l'indépendance de la femme, les hommes en adopteront de tout petits.

— Il n'y a bientôt plus de sauvages ni de barbares, mais ce sont les femmes qui vont faire invasion à leur tour.

— On parle toujours du péril jaune, mais il n'est pas où l'on croit, ce sont les femmes qui l'ont apporté depuis longtemps.

— Le but de la femme, ce n'est pas l'égalité de la femme, mais sa supériorité sur l'homme.

— Les hommes de toutes les classes et de tous les pays se ressemblent vus d'en bas.

— Le singe qui mange des noix est plus humain et plus moral que l'homme qui mange des cadavres d'animaux.

— L'anthropophage qui nous mange est excusable, le guerrier qui nous tue ne l'est pas.

— Le pacifiste est aussi mal reçu que le missionnaire qui combat l'anthropophagie.

— Si le bonheur n'était pas la fin d'un mal, nul ne le connaîtrait.

— C'est le corbeau qui nous rend les plus grands services, c'est pour cela que nous le maudissons.

— Quoiqu'on disent les moralistes, le bien que nous faisons est plutôt dans l'intérêt de la société que dans le nôtre.

— L'alcool est la nourriture des hommes d'action, le thé et le café celles de intellectuels, l'eau devrait bien être celle des médecins.

— Le paradis était le jardin des croyances, il est depuis longtemps retourné à l'état sauvage.

— Les ramonneurs n'ont plus besoin de monter dans les cheminées, ni les confesseurs dans les consciences, les malheurs de la vie suffisent pour les nettoyer.

— La mauvaise humeur recouvre les dévôts, comme la rouille, le cuivre ; le fer et l'or des hommes probes et vraiment religieux en sont exempts.

— Tout persécuté contient en germe un persécuteur qui n'attend que le moment d'arriver.

— La tristesse ne trouve jamais le tuf au-dessous duquel elle ne pourra s'enfoncer davantage.

— Se plaindre d'un malheur en appelle un nouveau.

— Quand on est riche en pensées, on les prodigue sans les compter ; ce n'est que celui qui en est indigent qui les économise.

— Celui qui jouit de ses passions n'a pas besoin de jouir du reste.

— La mort, dit-on, passe souvent comme un voleur ; mais chez un pauvre elle ne trouvera rien, aussi y passe-t-elle plus tard.

— Deux personnes peuvent s'aimer, mais d'une façon si différente qu'aucune n'en profite.

— La chasteté a autant d'horreur pour l'amour permis que celui-ci pour l'amour défendu.

— Dans le christianisme l'amour physique n'est jamais qu'excusable, le mariage n'est qu'une circonstance atténuante.

— L'amour jusqu'au mariage n'est qu'une préface, mais qui tient quelquefois plus que le livre tout entier.

— Comme l'abeille féconde, le savant travaille à produire une science qu'il ne verra pas éclore.

— Sentir la vie, quoique cela soit plus commun, vaut mieux que de la comprendre.

— Malgré la curiosité du sujet, personne ne se hâte de voir ce qu'il y a après la mort.

— Le faubourg d'une ville conduit-il à la ville ou à la campagne ? Cela dépend des goûts.

— L'ironie est l'assaisonnement qui rend seul le malheur comestible.

— Le cheval n'obéit qu'à certains cavaliers, comme la chance à certains hommes.

— Ce qui détruit un peu l'esprit de caste, c'est l'esprit de profession, mais il le remplace par un autre presque aussi exclusif.

— L'esprit est souvent l'instrument du cœur, jamais le cœur n'est celui de l'esprit, c'est l'esprit qui est la dupe.

— Lorsque la femme sera l'égale de l'homme, elle voudra lui devenir supérieure.

— Le féminisme existe chez certains animaux, les abeilles et les fourmis ; aussi chez les premières, on procède légalement aux massacres des mâles, lorsqu'on n'en a plus besoin, elles avaient déjà leur petite Tour de Nesles.

— Par une ironie, la nature a créé dans la plante phanérogame une exhibitionniste.

— Tout s'appetisse dans la société, la montagne n'y accouche même pas d'une souris.

— L'auteur éprouve le même plaisir à se voir imprimé que l'homme à se voir reproduit.

— Quand nous faisons un cadeau, c'est dans le but qu'on nous le rende, sans cela nous le ferions à nous-mêmes.

— On pardonne parfois à son ennemi mort, parce qu'on n'a plus rien à craindre de lui.

— Après avoir lu un livre de science, nous y pensons encore ; après avoir lu un livre d'imagination, malgré le plaisir éprouvé, nous n'y pensons plus.

— C'est le plus intelligent qui accorde le plus d'intelligence aux animaux, parce qu'il en est prodigue.

— Un des effets du découragement c'est l'ennui, et du chagrin, le dégoût.

— L'art se remplit de ce qu'on a vécu, comme le bassin d'un réservoir.

— Ce qui fait la supériorité de l'art oratoire, c'est l'applaudissement immédiat.

— Ce sont les choses les plus délicieuses qui deviennent les plus agaçantes, témoins certains chants fredonnés d'opéra.

— La dame et la femme, quand elles sont habillées, sont comme de deux sexes différents.

— Le monsieur et l'ouvrier se reconnaissent le dimanche à la tournure, et l'homme de ville et celui de la campagne à la voix.

— La politesse a commencé par la galanterie obligatoire, mais les siècles l'ont refroidie, et surtout le nôtre.

— Le féminisme et le socialisme ont fait des progrès, parce que les hommes et les bourgeois longtemps ne s'en sont pas occupés, croyant pouvoir l'arrêter à temps.

— L'homme de campagne aime la ville, et l'homme de ville la campagne, la femme n'aime ni la ville ni la campagne, mais le salon.

— La toilette, les enfants, le ménage, sont autant de moyens pour la femme d'écarter le mari.

— L'inspiration s'éteint dans l'ennui, comme le feu dans l'eau.

— La souffrance est la flamme; le bonheur, la lumière; et l'ennui, la cendre du foyer.

— Le travail intellectuel n'a pas besoin du succès, il donne à lui seul le bonheur.

— Parfois le philosophe obtient le contraire de ce qu'il a professé, c'est ainsi que le chaste Malthus du *self-restraint* a abouti à l'immoralité, et le sénateur Bérenger à l'impunité totale.

— De la religion comme de toutes choses, chacun choisit ce qui lui plaît, mais est d'autant plus féroce pour l'imposer aux autres.

— Les esprits scrupuleux et les autres appliquent la même religion dont les principes sont en caoutchouc.

— Les femmes se confessent plus facilement que les hommes, parce qu'elles sont plus prolixes.

— La femme se confesse plus volontiers à un homme qu'à une autre femme, parce qu'avec une autre femme l'absolution ne viendrait jamais.

— Le fonctionnaire finit par se renfermer dans sa fonction, comme le limaçon dans sa coque.

— Taire son âge n'est pas moins nécessaire pour un auteur que pour une femme.

— Le talent sans succès, c'est de la lumière sans chaleur.

— Le gibier étant devenu rare aujourd'hui, on fait surtout la chasse aux places.

— La femme du monde est tellement habile qu'elle pourrait être demain une femme savante.

— Le magistrat est généralement peu sympathique, de même que le gendarme; on ne songe pas qu'il peut protéger, mais seulement qu'il peut punir.

— Un président de Cour d'assises a beau prendre un ton aimable, il aura toujours l'air d'un bourreau.

— Ce n'est pas le criminel qui corrompt son avocat, mais l'avocat par ses mauvais conseils qui corrompt davantage le criminel.

— L'avocat de talent ment mieux encore qu'il ne parle.

— C'est sans doute par ironie que certains policiers s'appellent agents des mœurs.

— Les concierges sont fort maussades, sans doute, mais ce qui les empêche d'être dangereux, c'est que chez eux il n'y a pas d'avancement.

— On ne compte parmi les besoins pressants du magistrat que la faim, la soif et quelques autres, mais on omet le plus pressant de tous, celui de l'avancement.

— Le dimanche est la récompense des employés et la punition des employeurs.

— Autrefois on appelait l'ouvrier « un homme », aujourd'hui on appelle le patron « un singe ».

— Les domestiques d'autrefois dans leur innocence ignorent encore être des gens de maison, ainsi que les maîtresses être des amies.

— On répète sans cesse qu'on est le fils de ses œuvres. Mais comment peut-on en être le fils, puisqu'on en est le père ?

— Le grand homme après sa mort a de nos jours son apothéose, mais suivie d'un long dénigrement, témoin Victor Hugo, tant dans sa vie privée que dans ses œuvres.

— L'invention du parapluie est aussi utile que celle du paratonnerre, et cependant son auteur est resté anonyme.

— L'araignée met autant d'art dans sa toile que l'abeille dans son miel, mais elle n'a pas la même renommée, parce qu'elle ne travaille que pour elle.

— Nous contemplons avec admiration les fourmis, sauf à les écraser aussitôt après, nous en faisons autant de l'homme de génie.

— Nous exprimons l'inconnu par X. Pourquoi pas Dieu ?

— Le maître d'école tient plus à l'orthographe que le savant qui la détruirait volontiers par la réforme orthographique. C'est qu'il n'en veut pas la suppression après la peine qu'il s'est donnée.

— Si tous les hommes écrivaient leurs mémoires, ils sembleraient s'être copiés.

— L'infirmité est une maladie de tout instant et plus sensible.

— Les malheurs viennent souvent frapper la vieillesse, pour qu'on la sente mieux, et les maladies pour la prolonger.

— L'orthodoxie est le fouet de la religion, les nouveaux dogmes y mettent de nouvelles pointes.

— Le beau temps fait la moitié du bonheur; mais s'il est absent, on le maudit ; s'il existe on ne lui en sait aucun gré.

— Le plus banal est le plus précieux, la santé et le beau temps font plus de la moitié de la conversation.

— Par une incroyable contradiction, plus la vie est chère, plus le luxe est grand ; dans les pays chauds, pour vêtement on se contente d'un rayon.

— Le poëte ne chanterait jamais l'oiseau ni la fleur, s'il sentait au-dessous leur fumier.

— Si le soleil est beau, c'est qu'il est d'or ; si la lune est belle, c'est qu'elle est d'argent.

— Au nord, ce n'est qu'un fou qui se promène sur son toit ; au midi, c'est là le salon d'un sage.

— La crainte de tout est le commencement de la mort.

— Les maximes des moralistes sont des chapitres par morceaux.

— La tristesse du matin est la pire de toutes, parce qu'elle ne vient pas à son heure.

— L'esprit ouvert de tous côtés donne plus de prise.

— A l'homme accablé il ne suffit pas de s'asseoir, il faudrait se coucher pour toujours.

— Une cheminée qui fume est comme un ami qui trompe.

— Un ordre parfait contrarie un esprit en désordre.

— Les souvenirs d'enfance tant chantés par les poëtes sont une ironie pour le pauvre.

— La mésalliance est désapprouvée même par ceux qui en profitent.

— Se lever est désagréable pour tout le monde, mais s'éveiller pour les malheureux.

— On ne travaille bien que vite, on ne jouit bien qu'avec lenteur.

— On fait moins de chutes par les pieds que par les yeux.

— Le malheur est plus sensible que le bonheur.

— L'idée de génie est la comète pour l'esprit, elle ne fait que le traverser.

— Un homme se trouve inférieur ou supérieur à lui-même, comme il l'est à un autre homme.

— On lit pour soi, on écrit pour les autres.

— Si le jour est trop long, on en perd une partie ; s'il est trop court, on travaille double.

— Il ne faut pas trop penser pour parler, il ne faut pas trop parler pour penser.

— Un orateur ne doit pas contrarier son public, s'il ne peut le maîtriser complètement.

— Le temps n'existe que s'il est sensible, de même que certaines substances ne sont visibles que si elles sont colorées.

— Chacun a sa spécialité, mais l'étude de l'histoire est celle de tous.

— Les esprits hétérogènes entre eux peuvent s'aimer, mais non se comprendre.

— On n'est ni très flatté, ni très jaloux du titre d'érudit, mais on l'est de celui de penseur.

— L'auteur élague à regret ses écrits, comme le propriétaire ses arbres, il défend chaque branche pied à pied.

— On fait un reproche à un auteur de sa fécondité plus que de sa stérilité, celle-ci ne porte pas ombrage.

— La division du travail est pour la société et contre l'individu, elle mutile le second pour profiter à la première.

— La collaboration intellectuelle est la plus rare des sociétés.

— La morale hygiénique est la plus efficace de toutes, tous les vices devraient causer un mal analogue au mal vénérien.

— Si l'on punissait toujours par où l'on a péché, tous les hommes deviendraient eunuques.

— Beaucoup pratiquent la sobriété, non par vertu, mais quand elle devient bien portée.

— Pour triompher dans une discussion le volume de la voix a plus d'importance que celui de l'esprit.

— La base la plus solide de la chasteté, c'est la fierté, parce qu'elle est faite d'égoïsme.

— Le poëte qui n'est que versificateur, est ce que le peintre en bâtiment est un peintre.

— L'esprit qui ne se nourrit que des romans est comme l'enfant qui ne mange que des gâteaux.

— Le loup n'est pas plus coupable que nous de manger un agneau, seulement il est moins propre à table, c'est ce qui fait que nous ne l'invitons pas, cependant nous nous en indignons.

— Le ciel ouvert élève les regards, le ciel fermé élève les pensées.

— Une institution, quoique défectueuse, est plus sûre qu'un homme, quel qu'il soit.

— Le mécontentement se fait par apports successifs, comme les fleuves s'ensablent.

— La pluie, chez nous, est le symbole de l'ennui ; dans les pays chauds, c'est celui de la joie, de même que chez les nègres le diable est blanc.

— La naissance d'un enfant est le meilleur moyen de se rajeunir.

— A voir tout inexorable à l'entour de soi, on apprend à le devenir.

— Les gens qui ne nous ont jamais complimentés nous semblent nos ennemis cachés, de même que ceux qui nous critiquent toujours, nos ennemis ouverts.

— Les malheurs des grands hommes devraient nous rendre le courage, ils ne guérissent que notre jalousie.

— L'âme d'un poëte ou d'un artiste se monte et se démonte comme la mer.

— L'orage se lève tout à coup dans l'esprit comme dans la mer, mais il attend que vous soyez en pleine route.

— Nous attribuons à tort à la société, à la terre, au ciel, ce qui est en nous.

— Ce qui résiste à l'adversité fond au bonheur.

— Les catholiques les plus catholiques sont ceux qui méprisent le plus les autres religions.

— Tout homme près de mourir est religieux s'il est laissé à lui-même, mais la logique de sa vie veut qu'on ne l'y laisse pas.

— Une simple averse détruit une année de bonheur.

— Si vous le voulez, touchez à cette femme, mais évitez l'endroit de son caractère.

— L'amour de la paternité est le suprême égoïsme, c'est s'aimer, autant que possible, soi-même après sa mort.

— Parmi tous les instruments c'est la plume qui peut à la fois, penser, sculpter, peindre... et... blesser.

— Celui qui ne s'occupe que de ses devoirs procure le bonheur des autres, mais omet le sien.

— Une promesse ne vaut pas une menace, ni le ciel, l'enfer.

— Pour l'homme blessé, le duvet même semble lourd.

— La modicité de la destinée entraîne la timidité d'esprit.

— Le travail après une longue oisiveté, l'oisiveté après un long travail, déroutent l'esprit.

— L'esprit souffre d'être trop vaste et jamais d'être trop étroit.

— L'écrivain jalouse l'orateur, plus que l'orateur ne jalouse l'écrivain.

— L'écrivain oublie ce qu'il a écrit, il ne se souvient que de ce qu'il va écrire.

— On dit souvent les plaisirs ou les ennuis du monde, le mot juste serait les indifférences.

— Le meilleur moyen de se dispenser de rendre un service, c'est d'en demander un le premier.

— Les pensées de l'écrivain, s'il écrit rarement, s'accumulent comme derrière une digue qu'elles rompent ensuite avec une grande force.

— On peut avoir une ivresse de nourriture, comme une ivresse de boisson, les deux rendent aussi violent.

— La conversation peut être un besoin pour les uns, autant que la promenade pour les autres, c'est la promenade de l'esprit.

— La joie se boit d'un trait et le bonheur goutte par goutte.

— L'inspiration est un grand accumulateur d'électricité, et la composition, sa décharge.

— Une réponse indifférente à ce qui nous préoccupe est ce qui nous choque le plus.

— Par une singulière distraction, ceux qui ont fondé le suffrage universel ont oublié d'y comprendre la moitié du genre humain.

— Quoiqu'en disent la plupart des hommes, ils préfèrent une bonne servitude à la liberté.

— Le soleil torride, plus que la pluie et la boue, rendent la nature sale.

— Le savant et l'artiste se dédaignent réciproquement et l'homme riche les considère tous les deux comme ses serviteurs.

— Les hommes se diminuent chacun, lorsqu'ils se réunissent en nombre, mais ils s'annulent totalement dans la société des dames.

— L'auteur dépend de l'éditeur, comme le mendiant du bourgeois.

— Pourquoi la monarchie, au lieu d'invoquer le droit divin, n'invoque-t-elle pas le droit du pur sang ?

— L'éloquence échoue au moindre rhume, comme le cheval se couronne au moindre caillou.

— L'assurance d'un succès est le pronostic d'un échec.

— Les gens chanceux ne veulent pas croire à la malchance des autres, ils l'imputent à la maladresse.

— Tous les arrivistes sont optimistes, ils croient que le bonheur leur est dû.

— Le beau temps, s'il accompagne un malheur, accroît le contraste.

— Le cerveau est un firmament intérieur qui est rarement au beau fixe.

— Le malheur d'autrui cause une secrète satisfaction à

l'homme le plus bienveillant, cela le console d'avance contre ses propres malheurs.

— Le désir de la mort n'est jamais sincère, mais le malheur donne le désir du sommeil.

— Un peu de chance est nécessaire, comme un peu de sucre.

— Chaque langue a des distinctions que les autres ne peuvent exprimer, ni, par conséquent, traduire : le latin *pulcher* et *formosus*, le français, par contre, *beau* et *joli*.

— Dans un écrit, ce qui ne plaît pas semble interminable comme un mets qui répugne, c'est ce qu'on appelle des longueurs, qui parfois sont courtes.

— La femme cultive ses ongles, autant que le chat, parce qu'elle en aura besoin pour griffer.

— Le peintre en bâtiment est souvent plus fier qu'un peintre.

— La modestie vraie est la pudeur de l'esprit, la fausse en est la prudence.

— L'homme totalement découragé travaille tantôt pour l'art pur, tantôt pour la vertu pure.

— L'attrait du sexe est comme la pesanteur, il fait toujours descendre.

— Le jurisconsulte juge puéril de parler péché et le prêtre de parler délit. Chacun son jargon !

— Changer de ville pour l'homme est plus que de changer de peau pour l'insecte, c'est une mue civile.

— Le fonctionnaire est toujours condamné aux arrêts chez lui ou chez d'autres.

— Il y a peu de fonctionnaires qui pourraient faire un autre métier, c'est qu'ils n'en font déjà aucun véritable.

— Le blâme qu'on inflige aux traitements des fonctionnaires n'est point dans l'intérêt du Trésor public.

— Le chien, parce qu'il est l'ami de son maître, est l'ennemi de tous les autres.

— Si le chien n'était plus fidèle, il ne serait plus un chien ; il serait nous.

— Le matérialisme historique est une injure à l'histoire.

— Les croisades furent le plus singulier mélange de désintéressement et de cupidité.

— La plus lourde hypocrisie n'est pas celle de la croyance, mais celle du cœur.

— La propriété a un grand attrait pour le propriétaire, il en a plus encore pour les autres.

— Le bailleur avant le bail se tourmente presque autant que le locataire ensuite.

— Le déménagement à la fin d'un bail trouble presque autant que celui du grand voyage.

— Le plaideur qui perd son procès se plaint presque autant de son avocat que de son juge et il n'a pas tort.

— Le loisir peut être plus fécond qu'un travail acharné.

— La confession qui montre l'âme sans chemise est aussi pénible à la pudeur que la nudité du corps, et cependant la femme le sent moins que l'homme.

— Certaines confessions déconcertent plus le confesseur que la pénitente.

— Le jeûne redonne du goût aux mets et la continence à la débauche.

— Le trottoir est ce qui fait suite à l'usine.

— Une factrice ne peut s'asseoir, ni une caissière se lever, elles devraient se relayer.

— Le sexe est une force plus puissante que la pesanteur et l'électricité.

— Les croisades furent les trains de plaisir du moyen-âge.

— Si l'on a peu de temps, on le dévore ; si l'on en a beaucoup, on le perd.

— La société nous est hostile, tant qu'elle ne nous a pas placé à demeure dans l'un de ses compartiments.

— Nous considérons les sauvages comme n'étant pas de notre espèce, tandis que les paysans en sont qui leur ressemblent tant.

— Quand un individu est poursuivi par le sort, quelles que soient ses fautes, il a le droit de s'absoudre.

— La psychologie fut longtemps de la métaphysique, on visait à l'esprit, comme les mauvais tireurs, par dessus.

— Bien des philosophiques qui font fi du syllogisme l'ont seulement voilé.

— Dans les sévérités de l'homme chaste et du prêtre il entre beaucoup de rancune.

— Par une singulière anomalie, les libres-penseurs au pouvoir, au lieu d'abolir les fêtes religieuses, en font chômer davantage.

— Ceux qui avaient détruit le repos dominical, l'ont rétabli en le baptisant seulement de repos hebdomadaire, c'est le dimanche laïque.

— La doctrine dite moderniste n'est que la libre pensée mise à l'usage des prêtres, et dont on peut se servir même en pratiquant.

— Séparer complètement l'homme politique du politicien, c'est la quadrature du cercle.

— La religion pour les autres et pas pour soi, ce fut sans doute longtemps le comble de la sagesse.

— La science et la religion c'est chien et chat ; même lorsqu'elles vivent d'accord, elles se grondent.

— Le socialisme chrétien, c'est le mariage du lapin et de la carpe.

— Collectivistes et congréganistes sont les frères ennemis, mais les frères.

— Celui qui ne veut que des ennemis doit dire la vérité à chacun ; celui qui ne veut que des amis, ne la dire à personne.

— La pension est la caserne des jeunes filles.

— Parler plusieurs langues, c'est avoir plusieurs esprits.

— L'Italienne qui voile la madone dans certains moments physiologiques a trouvé le secret de réconcilier Dieu avec le diable.

— Si le sexe n'existait pas, l'homme et la femme ne pourraient jamais entamer de longue conversation.

— La jalousie est le dernier signe d'amour.

— Dans une République on n'admet pas de monarques à l'intérieur, on ne veut plus que ceux-là à l'extérieur. Pourquoi ? Parce qu'ils sont plus décoratifs que les nôtres qui ne sont pas du monde.

— Le plus grand ennemi d'un savant, c'est un autre savant ; les ignorants ne l'aiment pas, mais lui pardonnent.

— Dieu s'amuse à détruire une ville par un tremblement de terre, comme l'homme à écraser une fourmilière et l'enfant à épingler un papillon. Tout le monde a besoin d'un joujou.

— Dieu a créé Satan pour se débarrasser du reproche de faire le mal, on se disculpe comme on le peut.

— La lune se tient loin du soleil de peur d'incendie, ne voulant que la lumière ; de même on doit adorer les puissants, mais à distance.

— Chez les magistrats, la servilité envers le pouvoir neutralise celle envers les chefs ; il est bon pour les autres d'avoir deux tyrans au lieu d'un.

— Le médecin, le juge et le confesseur sont les trois bourreaux sans lesquels on ne peut vivre.

— Celui qui abolirait la mort, en conservant les souffrances, serait le plus cruel de tous.

— Le beau temps est le luxe des pauvres.

— Il y a quelqu'un que le pauvre déteste plus que le riche, c'est le patron.

— Républicains et socialistes luttent d'accord contre la religion, puis s'en disputent les restes.

— L'imprévu est l'ironie de la divinité.

— L'expression : gagner ou perdre un procès, signifie qu'il s'agit là d'un jeu.

— Les juristes présument la bonne foi, les psychologues doivent présumer la mauvaise.

— L'auteur critiqué, lorsqu'il répond, le fait par des injures, si la critique est juste ; par le silence, si elle est injuste.

— L'âme ne se voit pas, parce qu'elle est incolore ; mais il suffit de la colorer en passions pour qu'elle soit visible à tous.

— La plus élémentaire hypocrisie, c'est l'euphémisme.

— L'ordre du monde est, dit-on, une preuve de l'existence de Dieu ; mais son désordre ?

— Certains actes physiologiques nécessaires à la repro-
duction ne prouvent-ils pas que la nature se moque de tout?

— Comment se fait-il qu'on ne parle de la chasteté d'un
homme que pour l'en railler et de celle d'une femme que
pour la nier.

— On pourrait dire sans inconvénient à l'enfant le mode
de sa naissance, car il ne voudrait pas y croire.

— Le roman qui moralise ne peut le faire sans dépraver.

— Un des grands mérites du vers, c'est d'être plus bref
que la prose.

— La foule après l'émeute ne laisse pas plus de traces
qu'un fleuve après l'inondation, mais elle a fécondé comme
lui.

— L'ennemi à demi écrasé est le plus redoutable de tous,
il faut l'achever ou ne pas y toucher.

— La grossièreté dans les mots révolte plus que dans les
actes.

— Si le président d'un tribunal est tout puissant, celui
de l'Etat ne l'est pas. Incohérence !

— Le conservateur qu'on appelle un réactionnaire, et le
catholique un papiste, ne veulent pas se reconnaître, pas
plus, du reste, que le monsieur qu'on nomme citoyen.

— La plus grande preuve que la terre tourne, c'est que
les hommes politiques qui sont dessus tournent sans cesse.

— Le soleil levant méprise le soleil couchant et pourtant
c'est le même.

— L'homme politique entre par le sous-sol et sort souvent par la fenêtre.

— Parfois ceux qui commencent par la religion finissent
par l'irreligion et réciproquement.

— Si le plaideur a vingt-quatre heures pour maudire
son juge, le juge a la huitaine pour peser son jugement.

— Le bonheur efface le passé, le malheur en remue toute
la lie.

— La poussière du passé, lorsqu'on la soulève, monte à
la gorge, comme celle du chemin.

— Jadis, on déplorait d'être oublié le lendemain de sa

mort, aujourd'hui cela se produit après deux jours d'absence.

— L'espoir est une liqueur douce qui calme l'esprit, la tristesse une liqueur amère qui le purifie, le succès une liqueur forte qui l'altère.

— La graphologie est un triomphe de l'inconscient sur le conscient.

— Minerve née du cerveau de Jupiter est, comme la parthénogénèse, une protestation de l'homme contre la nature.

— Girardin avait une idée par jour, les politiciens en ont à chaque minute, mais ce sont celles des autres.

— Nous avons passé la mythologie aux artistes, la religion à nos femmes et à nos enfants, comme sans usage pour nous ; il ne nous reste plus rien de beau.

— Les décadents, croyant la nature épuisée, ont cherché ailleurs, comme les peintres qui se sont mis à peindre des arbres bleus.

— Il y a un abîme entre l'imagination reproductive et celle créatrice ; l'une est active, l'autre passive.

— Dans la vie, il y a d'autres sentiments que l'amour. D'où vient donc que l'art n'exprime que celui-là ?

— Pourquoi l'homme qui veut sortir de la prison, souvent du cloître, plus souvent du mariage, s'enferme-t-il dans sa bibliothèque ? C'est parce qu'il y reste librement.

— Si les yeux sont le miroir de l'âme, le front en est le tiroir, quand il y a quelque chose à en tirer.

— En France on punit de la bigamie, il semble qu'on pourrait aussi bien y condamner.

— Les peuples les plus hétérogènes l'un à l'autre le sont surtout par leur système gamique.

— Le juge de l'homme du jour c'est l'homme du lendemain.

— Les voyages sont la cure d'air de la tristesse.

— Le voyage de noces est la recherche du soleil de minuit, et de la lune de miel, qu'on ne trouverait pas en France.

— Quand on met beaucoup obstacles à l'esprit, il jaillit avec plus de force ; trop, il tarit.

— Le style peut fortifier ou affaiblir la pensée, il se contente rarement de la dire de niveau.

— Le besoin d'infini doit se contenter de l'indéfini.

— L'homme heureux reste en place, le malheureux se déplace sans cesse, comme le malade qui cherche une position pour dormir.

— La biologie est jalouse de la psychologie, comme celle-ci de la sociologie.

— L'homme a encore plus besoin de vacances que l'enfant.

— La monnaie de l'amour circule mieux que son lingot.

— On se demande si Dieu nous punira, mais jamais s'il se moque de nous.

— La bibliothèque est le garde-manger de l'esprit.

— Le statuaire est à la peinture ce que la mort est à la vie.

— L'homme isolé, s'il est religieux, parle à Dieu ; s'il ne l'est pas, il faut bien qu'il se dédouble pour pouvoir se parler à lui-même.

— Les animaux, si le monde continue le même train, seront nos seuls et derniers domestiques.

— Parmi nos orateurs parlementaires qui ne disent que le lieu commun obscur, Chanteclair pourrait seul faire une révolution.

— Quand on veut faire tomber la religion, il suffit de l'appeler cléricalisme ; quand on veut relever la prostitution, il suffit de l'appeler galanterie.

— La femme légère le reste encore, même lorsqu'elle tombe.

— On ne peut contenir deux amours opposés, l'enfant a chassé le vieillard de notre cœur.

— Pourquoi dit-on du poëte qu'il chante, puisque c'est le musicien ?

— Dieu qui crée chaque jour ne pourrait-il, au moins, pour créer les hommes, choisir des instruments plus propres ?

— L'animal n'est-il pas supérieur à l'homme, puisqu'il a quatre pieds pour marcher et une seule vie pour vivre.

— C'est l'isolé et le chaste qui est le plus exposé à être trompé, l'un en ambition, l'autre en amour.

— Chez les animaux, c'est le mâle qui est le plus beau et qui fait toilette ; dans le genre humain, c'est la femme. Pourquoi ?

— Le patriotisme est descendu aux animaux ; le dernier patriote, c'est Chanteclair, avec ou sans son Rostand.

— Si la nature est déjà immorale, la société l'est encore plus.

— On voudrait que la représentation des minorités fut accordée par la majorité, et cependant on prétend que le suicide n'est pas permis.

— La conversion des autres à sa religion est un acte méritoire, mais la sienne propre à une autre est une apostasie, est-ce logique ? C'est comme si le retour n'était pas le même chemin que l'aler.

— Les bourgeois, après avoir saboté les biens de la noblesse et ceux du clergé, jettent des cris de paon quand on les sabote à leur tour. Il y a donc sabotage sur sabotage, le saboteur est saboté.

— Parmi les idées actuelles les plus ingénieuses se place celle de décorer après la mort, les Chinois se contentent de marier après.

— Si le corps n'est que le vêtement de l'âme, pourquoi la résurrection générale dans de vieux chiffons ?

— Pourquoi le jugement dernier, si, à la mort, l'homme en a déjà subi un là haut ? Il n'y a cependant pas d'appel.

— Une autre personne, sans être grand clerc, peut comprendre en nous ce que nous ne comprenons pas nous-mêmes.

— L'homme obscur a, au moins, les pieds solides, l'homme illustre les a d'argile.

— Le plus hardi dans ses paroles est souvent le plus circonspect dans ses actes.

— Un des plus grands embarras, c'est quand on est mis en demeure d'admirer.

— Si le soleil revenait à volonté, comme la flamme du

foyer, les riches se ruineraient en soleil, mais ils en dépouilleraient d'abord les pauvres.

— Dans certaines villes, on va de plein pied de la gendarmerie au palais de justice et de là à la prison, c'est le comble de la bienveillance envers les gueux.

— Le Code pénal a omis de comprendre dans son texte ce qu'il pratique pourtant, le supplice de promiscuité.

— Le supplice dantesque de perdre toute espérance en entrant n'est cependant pas plus grand que celui de la conserver toujours.

— La Sibérie n'est autre que la Bastille du dehors, on y est enfermé en plein air.

— La tyrannie russe est subventionnée par tout l'argent de la démocratie française qui en est fière.

— La France est tellement privée de rois qu'elle fête le moindre principicule qui lui fait l'honneur de venir vivre à ses dépens.

— Les changements de gouvernement équivalent à l'action de changer les chevaux au râtelier, heureux s'ils n'emportent pas de foin en partant !

— Un auteur tient quelquefois plus à son œuvre qu'à lui-même, c'est quand il ne signe pas, même d'un pseudonyme, mais c'est avec l'intention de se révéler après succès.

— Un homme indifférent à tout ne se rencontre que dans l'Inde et alors encore, c'est qu'il veut devenir un bouddha.

— Le ciel était un luxe inutile, la crainte de l'enfer aurait suffi, la preuve est que la société ne fait que punir.

— Pourquoi appeler du même nom la jalousie par amour et celle par amour-propre ? La langue française est donc bien pauvre.

— Si l'on veut trouver un homme mort, quoique vivant, c'est le fonctionnaire en retraite, il se survit.

— L'homme du monde, le politicien, le savant n'ont pas plus de rapports entre eux qu'un mammifère, un oiseau et un coquillage ; ils ne se rencontrent même pas.

— Le dédain est pour le vaniteux plus cruel que le mépris.

— Le jardin est une survivance des paradis, mais hélas ! il a des voisins.

— Rien ne se ressemble tant au fond, toute poésie mise à part, que les bêtes et les enfants, sauf que les bêtes nous aiment davantage.

— L'infanticide ne diffère de l'avortement que par une simple question d'heures.

— Nous prêchons la repopulation humaine, comment se fait-il que, lorsque les charançons en disent autant, nous les punissons ?

— L'homme mécontent est mal vu de tous, même de ceux mécontents comme lui.

— Le grand homme ne brille qu'à distance, comme la planète.

— Un adversaire politique ne nous sait jamais gré de la justice que nous lui rendons et notre propre parti nous en garde rancune.

— On a toujours eu du respect pour le succès, même quand on en sait l'indignité.

— C'est la force qui engendre le droit, de même que le désir impur engendre l'homme.

— La bienveillance qui s'exerce envers une personne, existe toujours un peu envers toutes les autres, le caractère est indivisible.

— La société corrige la nature, la nature corrige la société.

— Les idées et les sentiments qui ne peuvent sortir étouffent l'homme qui les a, comme un accouchement qui ne peut venir.

— Les fidèles d'une religion aiment mieux pas de religion qu'une dissidente, car ils savent que le besoin religieux non satisfait pourra convertir.

— Le droit pénal laïque consiste à faire croire au Diable, sans faire croire à Dieu.

— On peut être aussi isolé dans une chambre que dans une île.

— Les passions de l'homme deviennent nobles par degrés,

la cupidité, l'ambition, l'amour, forment une gradation ascendante qui aboutit à l'altruisme.

— Le suicide des japonais, le duel des occidentaux et le martyre des chrétiens se réunissent dans le mépris de la vie et donnent à l'au-delà un petit air aristocratique.

— Le chevalier n'était qu'un gendarme qui se payait lui-même.

— Le château-fort défendait les riches, comme leur coffre-fort le fait aujourd'hui.

— Les mystiques ne font l'affaire ni du clergé ni des athées, ce sont les amphibies de l'ordre religieux.

— Le riche voit d'un mauvais œil la naissance d'une fille et ne compte que ses fils, le plébéien reste indifférent, c'est la transmission du nom qui en est la seule cause, moins que la projection par une ombre.

— Les parents et les voisins peuvent devenir les pires ennemis, c'est ce qui explique les legs nombreux faits aux couvents, ce sont plutôt des exhérédations.

— Les Mécènes d'outre-tombe peuvent compter sur encore moins de reconnaissance que les Mécènes de leur vivant, on rit de leur vanité.

— L'homme ennuyé se trouve plus malheureux que l'homme lassé, celui-ci en veut aux autres, celui-là à lui-même.

— On dit qu'on ne peut voir une personne, mais il est bien plus énergique de dire qu'on ne peut la sentir ; c'est un vestige de l'état sauvage.

— Les amitiés les plus sûres sont celles qui se continuent de loin, elles sont en conserve.

— Celui qui a toujours été déçu essaie cependant toujours un nouvel ami, comme on essaie de nouvelles bottes, parce qu'on en a besoin.

— Celui qui pratique la polygamie de fait, manifeste la plus grande horreur pour celui qui la pratique légalement.

— Le prêtre n'en veut jamais à celui qui ne pèche qu'en morale et non en dogme.

— L'hindou a aussi peur d'une vie nouvelle que le chrétien de l'enfer. Les deux craintes se valent.

— On ne vénère pas ses propres vêtements, mais on vénère ses meubles, parce qu'ils paraissent avoir une vie propre par un reste d'animisme.

— Le ministre d'un monarque absolu est le valet d'un seul ; le parlementaire est celui de tous, il n'y a même pas à choisir.

— On parle de placements de tout repos, on devrait mettre sur la cote des autres : placements de toute agitation, comme on dit : casse-cou.

— C'est une déchéance de ne pas prendre les mêmes divertissements que tout le monde, lorsqu'ils sont coûteux.

— Celui que l'altruisme dévie un moment de la ligne droite de son ambition est souvent perdu, il ne faut pas de brèches dans l'égoïsme.

— Celui qui ne sait pas faire valoir ses sacrifices les a faits en vain.

— L'auteur est astreint à une double tâche : travailler, puis faire valoir son travail, quoique l'un de ces soins nuise à l'autre.

— Celui qui a le pouvoir perdra tout, dès qu'il ne l'aura plus ; mais tant qu'il l'a, il peut en jouir sans limite et est un sot de ne pas le faire.

— Il est rare que le mari et la femme possèdent tous deux la volonté.

— La sensibilité de la femme est physique, celle de l'homme est morale ou immorale.

— Le cerveau, le cœur et le ventre sont dans cet ordre les trois centres de l'homme; le ventre, le cœur et le cerveau sont dans l'ordre inverse les trois centres de la femme.

— La femme est l'amour de l'homme, l'enfant est l'amour de la femme.

— Comme on cache le corps sous des vêtements, chaque partie du corps s'exprime par un euphémisme; dans une même langue, on peut donc traduire encore.

— Si l'homme commence à la fois trop de travaux, il n'en termine aucun, mais il en jouit peut-être davantage.

— La crainte de Dieu est dit-on, pour l'homme le commencement de la sagesse, cela est aussi vrai que la crainte de l'homme est le commencement de la bêtise pour les chevaux.

— Si la politesse ne dressait l'homme comme l'enfant à dire : bonjour, il ne saluerait son semblable que par des coups.

— Plus on est étranger, moins on désire la mort l'un de l'autre.

— L'homme admis dans la compagnie des anges demanderait vite à s'en retourner sur la terre.

— Souvent en cachant le bout de son nez, on découvre le bout de l'oreille.

— Si l'amour dans la poésie ne faisait pas une transposition perpétuelle de ses sensations, le vers se mettrait au-dessous de la prose.

— Comprend-on que par tendresse on donne aux enfants des noms d'animaux ? C'est qu'ils leur ressemblent.

— Celui qui ne tient pas à venir chez nous n'est qu'un demi ami, celui qui ne tient pas à nous voir chez lui n'est pas notre ami du tout.

— La femme est toujours un peu religieuse par instinct de conservation vis-à-vis de l'homme.

— Il y a des confessions religieuses où la distinction entre la religion et le cléricalisme semble impossible.

— Un souverain qui est le chef de la religion fait l'effet d'un gendarme qui est le confident de l'accusé.

— Malgré leurs querelles, le prêtre et le magistrat portent la même robe, le même chapeau et le même esprit. Mais quand le coq chante, le magistrat renie le prêtre, comme Saint-Pierre, le Christ.

— Pour le commun, le magistrat n'est qu'un bourreau plus haut placé et l'avocat qu'un filou qui plaide pour un autre.

— Dans une audience correctionnelle chargée, le magistrat se voit forcé de tirer dans le tas, le mal est moins grand, presque tous les prévenus étant coupables.

— La conscience du magistrat est comme l'estomac du canard, tout y entre.

— Un acquittement est toujours scandaleux au ministère

de la justice, une condamnation l'est toujours pour la presse.

— L'avoué, l'avocat et l'huissier sont autant de sangsues qu'on applique tour à tour, à mesure que l'une est gorgée, sur le justiciable ; après la dernière, il ne reste plus d'argent.

— Il suffit de désirer une personne pour qu'elle ne vienne pas, de la redouter pour qu'elle vienne.

— L'ennui se distingue du dégoût de la vie ; le premier est à zéro, le second au-dessous de zéro.

— L'interrogatoire du prévenu sur ses antécédents est l'apéritif de la Cour d'assises.

— Le ministère public est le bon Dieu jouant le rôle du Diable.

— Le temporel se mêle tellement au spirituel qu'on accuse celui-ci, quoique à tort, de ne pas exister.

— L'idéal, comme le feu par le briquet, s'allume parfois par le contact de deux réalités.

— L'huissier est le bourreau civil, il tue lentement, mais aussi sûrement.

— Le mourant qui demande à vivre a été un homme heureux.

— Celui qui ressuscite un mort lui rend un bien mauvais service.

— Celui qui tue un enfant à naître ou nouveau-né a droit à toute sa reconnaissance.

— C'est l'ennui, non le travail qui fait désirer le dîner.

— La timidité est le caractère qui se cache avec le plus de soin et qui se révèle le plus.

— Un rayon de soleil est de l'or gratuit.

— Un petit rentier qui spécule se donne à la fois le tourment du pauvre et celui du riche.

— Lesquels valent mieux, les plaisirs de l'intelligence ceux du cœur ou ceux des sens ? Il faut choisir, car il s'excluent presque.

— Le mysticisme est l'anarchisme religieux.

— Le criminel soumis choque moins la société que le vertueux rebelle.

— L'avantage d'être malheureux c'est de craindre moins la mort, l'inconvénient du bonheur c'est de la craindre trop.

— Il vaut mieux s'ennuyer seul qu'avec un autre.

— Le contraire de la nostalgie, c'est l'amour de l'exotisme. ces deux envies ressemblent à la soif et à la faim.

— L'auteur ne trouve jamais son livre trop long, ni le lecteur ne le trouve trop court.

— L'orateur qui lit sur le visage de ses auditeurs a en main sa boussole ; s'il n'obtient pas le succès, il évite toujours le désastre.

— Pour bien parler ou bien lire, il ne faut pas s'entendre.

— Celui qui met un roman connu en drame est comme la cuisinière qui réchauffe un plat de la veille.

— Le flirt est le sport de l'amour, il en a l'attrait et le danger.

— Comment se fait-il que le mariage soit un contrat d'intérêts réciproques ? La beauté et l'argent sont du même côté.

— Une jeune femme doit toujours ignorer la veille, tout savoir le lendemain ; le mari, au contraire, doit tout savoir la veille et le lendemain tout oublier.

— On dit que le mariage est un sacrement, ne profane-t-on pas, au contraire, tout ce qui était saint jusqu'alors ?

— Autrefois, on ne se figurait un souverain qu'à cheval ; maintenant on ne se le figure qu'à table.

— Le bonjour, quoique banal, est parfois sincère, tandis que la félicitation ne l'est pas, parce que dans le premier il s'agit d'un événement commun aux deux.

— On est mort deux fois quand on meurt vieux.

— Si c'était tous les jours dimanche, on désirerait le lundi.

— Par l'extrême onction, le prêtre fait concurrence au médecin, comme dans l'accouchement et le baptême ; personne ne nous laisse naître et mourir tranquilles.

— L'échafaud d'un côté et l'enfer de l'autre se donnent la main.

— Le journal de mode a plus de puissance que le Code.

5

— Plus la bibliothèqne est belle, moins le livre est lu.

— C'est le livre emprunté qu'on lit davantage.

— C'est la production artistique la plus involontaire qui est la meilleure.

— La mémoire ne se force pas plus que l'estomac.

— Envoyer une œuvre de littérature à un savant, c'est offrir à un poisson une pomme, il vous en veut de ce qu'il ne sait pas la manger.

— On voyage dans le temps comme dans l'espace ; la lecture de l'histoire est un voyage de ce genre.

— Le manque de distraction nous porte à l'étude, ainsi que les ténèbres au sommeil.

— Le lierre consolide le mur, les vieilles coutumes consolident les mœurs branlantes.

— Tous les hommes ne sont pas fous, mais tous ont une manie, sans quoi ils ne se conserveraient pas.

— Le baiser donné à un autre homme est aussi peu naturel que le coup de pied donné à une femme.

— Rien ne nous désintéresse plus du sort d'une autre personne que nos conseils dédaignés.

— L'islamisme a eu la bonne idée de mettre d'abord le paradis sur la terre, au lieu d'envoyer voir s'il existe au ciel.

— Le convol de la femme veuve est une polygamie retardée.

— Dieu dans les religions est un homme ; dans les philosophies, c'est un signe algébrique ; dans la vie seule c'est quelqu'un de supérieur.

— Les athées considèrent les temples comme les cénotaphes des dieux.

— Dans les théories qui donnent aux hommes une raison d'être, quelle raison d'être y a-t-il pour les animaux ?

— Les seigneurs avaient leurs châteaux, les prêtres leurs temples, les bourgeois leurs hôtels, les prolétaires ont leurs maisons à bon marché et l'on dit que la propriété s'en va, elle se répand.

— Le flirt est l'introduction pratique au féminisme.

— Un ancien ministre doit rester quelques années dans l'ombre avant de recommencer l'ascension du pouvoir, comme un voleur ne se représente pas de suite dans la même maison.

— Les partis politiques ne sont pas aussi nombreux qu'ils le paraissent, il n'y en a, en réalité, que deux : les arrivés et les arrivistes.

— Quand même une femme nous donnerait tout, excepté elle-même, nous aurions peut-être contre elle une profonde rancune.

— Il n'y a pas de marteau plus dur que celui de l'avocat, ni d'enclume plus patiente que celle du juge.

— On a souvent tracé la psychologie de l'homme, parfois celle de l'animal, jamais celle de la divinité.

— Le meilleur des instantanés est celui de Pompéi. Pourquoi ? C'est la nature qui l'a fait.

— Le Christ avait lavé les pieds de ses apôtres, le pape a trouvé meilleur de faire baiser sa mule. Quel contraste !

— Les hommes ressemblent aux animaux plus qu'ils ne le pensent ; au lieu de châtrés et d'étalons, ils ont leurs eunuques et leurs monarques héréditaires.

— Les mines sont les armoires de la terre.

— L'ange qui a fait la bête retourne plus léger aux cieux.

— La femme préfère de beaucoup les plaisirs de la langue à tous les autres, la conversation est plus recherchée par une dame que la bagatelle.

— L'apparition d'une comète n'a de valeur que par sa rareté, elle fait bien de ne pas venir tous les jours.

— Le dégoût de la vie est pour le vieillard une préparation utile.

— Le service militaire dont l'homme se fait tant de mérite est moins dur que le service d'enfantement pour la femme.

— Depuis que les guerres étrangères menacent moins souvent, les guerres civiles le font davantage.

— Le cléricalisme et l'anarchisme se tournent le dos, ils pourraient se donner la main, car le public a pour eux la même antipathie.

— Le système majoritaire sous une république et le système censitaire sous une monarchie, c'est la représentation de l'agneau par le loup.

— Si le soleil s'approchait de la terre, il serait vite accaparé par une classe sociale.

— Le seul titre d'un livre peut faire son succès ou son insuccès.

— Le mot de Cambronne ou des mots similaires employés à propos et convenablement encadrés ont fait la vogue de plusieurs écrivains qui les ont gardés depuis.

— Les plus graves rancunes viennent du silence, c'est un dédain qu'on ne pardonne pas.

— Les hommes qui n'ont plus que des souvenirs, mais des bons, sont les plus heureux.

— Le demi-sourire d'une femme fait plus de plaisir que l'accolade du plus grand homme.

— Les rois avaient, dit-on, l'habitude de guérir les écrouelles, nos nouveaux souverains en donneraient plutôt.

— L'orateur qui ne voit aucun de ses défauts court grand risque devant son public, mais celui qui les voit tous est d'avance perdu.

— Ce sont les gens timides que les circonstances prennent plaisir à intimider encore.

— Quand la mauvaise fortune frappe les heureux, elle le fait tout à coup, elle frappe lentement et sans cesser les autres.

— On dit que le ciel s'ouvre, quoique on n'en ait jamais vu la porte.

— Une particule nobiliaire est une étiquette mise sur un homme, comme on en met une sur un bocal, le pharmacien n'a jamais dû se tromper.

— L'avoué est, dit-on, à l'avocat ce que le pharmacien est au médecin ; comme le pharmacien, c'est lui qui tient le poison.

— Les hypocrisies judiciaires sont innombrables. L'avocat s'interdit de poursuivre en justice pour ses honoraires. Beau mérite ! L'avoué les lui avance pour son client et en opère ensuite le remboursement à son profit.

— En été on a beaucoup plus de temps qu'en hiver, mais on le perd, tout revient au même.

— La naissance, le mariage et la mort, malgré leurs diffé-rences, ont ceci de commun qu'ils ont tous le lit pour do-micile.

— Pourquoi la polygamie officielle nous fait-elle tant d'horreur, puisque nous pratiquons tous les jours l'offi-cieuse ?

— Les gens d'action n'aiment pas la poësie, mais chose étonnante, il en est de même des femmes de nos jours ; elles ont, sans doute, encore des ailes, mais des ailes de poule.

— Les cheveux blancs équivalent à un acte de l'état-civil, et les cheveux gris à un autre, c'est pour cela que les fem-mes les ont toujours bruns ou blonds.

— L'homme malade se réjouit du matin et s'effraie du soir.

— L'indifférence est l'état naturel de l'homme.

— On peut se corriger de tous les défauts, mais le plus impartial ne peut éliminer entièrement le préjugé.

— Le juré, quand il prête serment de juger sans haine et sans crainte, fait toujours, sans le vouloir, un faux ser-ment.

— Le juré qui ne jurerait pas, croirait mal juger, comme le chrétien qui aurait à communier sans se confesser.

— Le serment de nos jours, c'est le mur de Romulus que Rémus peut sauter à pieds joints, seulement pour cela personne ne vous tue.

— Le serment est la plus frappante des survivances et de la routine, mais c'est le plus anodine.

— La moindre restriction au programme d'un parti suffit pour l'excommunion majeure.

— L'indécision est ce qui trouble l'esprit le plus calme.

— Les contingences absorbent le meilleur du temps de l'homme de pensée et même de celui d'action.

— La surenchère politique, comme celle judiciaire, a pour but l'adjudication à son profit.

— L'homme au pouvoir y prend beaucoup aux autres,

mais laisse un peu de sa conscience en échange ; encore pour cela faut-il qu'il en ait une.

— L'existence d'une famille excuse l'ambition comme le vol, on ne prend plus tout pour soi.

— Le magistrat, en prêtant serment, entre dans le troupeau de Panurge dont il promet de ne pas s'écarter.

— La chasteté conservée permet tous les défauts par ailleurs.

— La licence du foyer fait souvent concurrence à celle des rues, mais elle choisit.

— Le catholicisme condamne autant le divorce que l'adultère, l'époux battu n'a plus de choix.

— La monogamie de l'homme n'est rien auprès de celle du pigeon qui n'admet pas le convol.

— Les livres sont nos amis, excepté ceux d'un rival.

— Nous préférons les livres des anciens auteurs, parce qu'ils sont morts et que nous n'en sommes plus jaloux.

— Nous n'aimons pas le bruit, non seulement parce qu'il nous gêne, mais parce qu'il paraît injurieux pour nous.

— Les jardins ont le double charme pour nous de la nature et de sa correction.

— Nous préférons la mer au fleuve, comme un mets salé à un mets trop doux.

— Le poëte convertit ses impressions en poësie, comme le ver les feuilles de mûrier en soie.

— La digestion mentale de l'inconnu peut être aussi dure que celle stomacale du mets exotique.

— La feuille passe moins vite que la fleur et le mariage que l'amour.

— L'enfant en bas âge est l'être le plus répugnant et c'est lui qui nous plaît davantage, ne peut-on pas en dire autant de l'amour physique ?

— Si l'on disait à l'enfant comment il a été conçu et comment il est né, il jetterait un cri d'horreur.

— Dans les vers, la rime est ce qu'il y a de plus puéril et cependant de plus impressionnant.

— La désillusion complète est la mort de l'esprit avant terme.

— L'hiver tourmente le corps, mais l'été l'esprit.

— La villégiature est la fièvre de la mer, aussi grave que celle des marais.

— Si l'on veut empêcher un auteur de produire, il faut en faire un directeur de revue.

— Celui que le moindre insuccès abat se relève au moindre espoir.

— Le collectionneur est le plus heureux de tous les savants ou de tous les artistes, il y met de son argent, mais point de sa personne.

— Le mois dépend de la lune, les menstrues dépendent du mois, les naissances dépendent les menstrues, les nations dépendent des naissances, l s conquêtes dépendent des nations, donc les conquêtes dépendent de la lune. N'est-ce pas là un propos de fou et pourtant rien de plus vrai !

— Tout pour la tripe, a dit Rabelais, mais dans une création propre, pourquoi la tripe ?

— La villégiature est un besoin de quitter la société pour se retremper dans la nature. Mais la société ne veut pas et suit en chœur l'ermite.

— Les vacances judiciaires, c'est le repos aux frais des plaideurs.

— Jésus-Christ ne croyait pas, en chassant les pharisiens du temple, qu'il leur installerait seulement des successeurs.

— L'assassin tue rarement sa victime d'un seul coup, la Bourse le fait d'un seul, et l'Etat, loin de punir, élève un abattoir à son usage.

— Si l'on daigne parler en secret à quelqu'un, ce n'est rien ; si on lui écrit, c'est davantage, mais si on lui parle en public, c'est tout.

— Le proverbe se tromperait aujourd'hui : ceinture dorée vaut mille fois mieux que bonne renommée, car la renommée s'achète.

— Pourquoi les feux d'artifice sont-ils plus admirés que ceux du ciel ? Parce qu'ils coûtent.

— Le cœur doit être toujours moins raffiné que l'esprit, autrement il ne serait plus compris du tout.

— C'est en présence de la mort que tout homme devient égoïste.

— En changeant de monde, tout homme doit changer d'âme, comme il change de chemise.

— La chasteté par goût n'est qu'une propreté méticuleuse.

— La pensée enfermée en un vers frappant est comme une pierre précieuse bien sertie.

— Lorsque le malheur frappe sans cesse, on n'aspire plus qu'à des intervalles.

— Celui qui ne peut avoir de lecteur. souffre d'avoir produit l'œuvre ; celui qui n'a pas d'éditeur, souffre de l'avoir pensée.

— On aime mieux renoncer à un plaisir que de n'éprouver aucun plaisir.

— La mer, la campagne et la montagne sont les plus grandes ambitions d'un citadin ; tout le monde est plus ou moins Perrichon.

— La nostalgie est comparable à la pesanteur, tandis que l'amour des voyages à la force vive.

— Le paradis maintenant se distribue par un compteur, comme l'électricité et le gaz, c'est chez le marchand de vin des grandes villes.

— Il y a des gens qui ne s'entendent à aucun métier, mais tous s'entendent à la politique.

— Dieu écoute-t-il de la même oreille le *Te Deum* du vainqueur et le *Miserere* du vaincu ? Non, car, comme nous, il doit en avoir deux.

— Si Chanteclair croit par son chant faire lever le soleil, l'Eglise croit de la même manière en cas de sécheresse faire tomber la pluie.

— Si l'humour est le sel d'un discours, l'ironie en est le poivre.

— L'amour-propre est chez la femme le meilleur préservatif de celui qui ne l'est pas.

— La haine trop renfermée nuit plus à celui qui la conçoit qu'à celui qui en est l'objet.

— Dès qu'un homme est en butte à un ou deux malheurs, les autres viennent s'y abattre, comme les mouches sur une plaie.

— Les modernes abondent en euphémismes, ce sont comme les circonstances atténuantes verbales, qui font qu'aucun vice n'est plus blâmé.

— La Révolution avait tué l'hérédité, la science moderne l'a réhabilitée, ensuite la première l'a admise, mais seulement pour les criminels, elle en exclut toujours les eugéniques.

— Le dieu est plus heureux que le député, on ne voit jamais s'il a accompli son programme.

— Le plus grand bonheur du romancier, c'est de vivre en dehors de notre monde, dès qu'il le peut.

— Le chartreux est fort sage de rappeler toujours la mort, parce qu'ainsi il s'y habitue.

— Une bonne a reçu ce nom par ironie, ainsi que le religieux le nom de père, précisément parce qu'il ne peut l'être.

— Le libraire est celui qui méprise le plus les livres et les auteurs, de même que le boucher, l'animal qu'il tue.

— Le ministre réalise un prodige, il est à la fois le maître et le serviteur de tous.

— L'arriviste n'est jamais tout à fait arrivé.

— La religion rend dur pour les autres comme pour soi.

— Les saints sont les arrivistes de l'autre monde. N'ont-ils pas dans ce but souvent flatté Dieu ?

— Les irréguliers et les indépendants sont les seuls sincères.

— Certains fonctionnaires, comme les laquais, endossent l'uniforme, ce sont les mieux regardés.

— L'impie voudrait tuer Dieu et le dévot le diable, mais ni l'un ni l'autre n'y réussit.

— Quand on a querelle avec ses voisins, on voudrait remplacer la borne par l'antique pont-levis.

— L'homme pieux est sévère pour les erreurs, mais il ne l'est pas pour les vices.

— Le jésuite et le franc-maçon servent l'un et l'autre à effrayer les oiseaux.

— C'est celui qu'on désespère de tromper qui est le plus délaissé.

— L'homme du peuple, quand il ne comprend pas, croit toujours qu'on se moque de lui.

— On n'aime pas les imitateurs qui s'imitent de près, mais on voit d'un bon œil ceux qui s'imitent de loin. Jamais on n'a reproché à Lafontaine d'imiter Phèdre, ni à Phèdre d'imiter Ésope.

— Un grand malheur console subitement de tous les petits.

— On est parfois obligé de se cacher de la vertu, comme d'autres du vice.

— L'âge de la retraite est l. vieillesse officielle.

— L'homme se blase d'être heureux, s'il ne lui survient pas quelque bonheur nouveau.

— Travailler à son salut religieux, c'est travailler à une maison haute de plusieurs kilomètres.

— La promenade incessante, loin d'être la plus grande activité, est la plus grande paresse.

— C'est déjà une grande patience de jeter par la porte celui qu'on voudrait jeter par la fenêtre.

— Si une hirondelle ne fait pas le printemps, elle n'en donne pas moins l'espoir.

— Profaner un idéal est œuvre plus impie que de l'exclure.

— L'amour désintéressé est le plus fort, en cela l'amateur dépasse l'artiste.

— Même quand il n'y a plus d'encre dans notre encrier, notre plume veut écrire encore.

— L'ivrogne de poésie est le plus incorrigible des ivrognes, car il est le plus prolixe.

— C'est le ciel de lit qui est parfois le plus beau de tous, mais aussi il est passé de mode.

— L'araignée fait plus de toiles dans les cerveaux qu'ailleurs.

— La bienveillance des supérieurs envers nous est faite d'amour-propre.

— Il y a quelque chose au-dessous du néant, c'est la souffrance.

— L'esprit ne dépasse pas un maximum de fécondité ou le produit devient inférieur ; le cœur n'a pas de limite.

— L'homme le plus sobre s'enivre de tabac, et la femme de paroles.

— La femme méprise toujours secrètement l'homme qui la respecte trop.

— On est presque aussi honteux de la non réussite que de la non valeur.

— La baisse de la Bourse cause celle de la mentalité.

— On ne pense pas de la même manière avant ou après le déjeuner.

— Le plus fougueux socialiste est bourgeois pendant un quart d'heure après déjeuner.

— La cordialité règne dans les banquets comme la fraternité entre les ivrognes.

— Le peuple ne considère la démocratie que comme une débauche qu'on ne peut s'accorder que de temps en temps.

— Les agrégés des facultés ont travaillé beaucoup, mais une fois pour toutes.

— Les romans contemporains sont des museums d'histoire naturelle qui n'auraient que des femmes.

— Les meilleures œuvres de l'esprit sont celles du foyer et non, comme on le croirait, du soleil.

— La pensée qu'aucun obstacle ne comprime est comme un robinet que nul ne peut plus fermer.

— La génération est la goutte que le plus pauvre se paie.

— L'injustice du sort concourt d'ordinaire avec l'injustice des hommes, tandis que ceux-ci favorisent la fortune qui sourit.

— Les pensées sont comme les oiseaux, elles s'envolent avant qu'on ait pu les écrire.

— La vie retrempe l'art, lorsqu'il va s'épuiser.

— L'homme jeune doit faire provision de bonheur, s'il veut en avoir une réserve.

— La plus grande sagesse, c'est de se permettre une dose de folie.

— On accuse souvent le sort d'injustice pour s'innocenter soi-même.

— Le plus grand coupable n'est pas celui qui a fait le plus de mal, mais celui qui en a fait le plus aux autres.

— L'œuvre intellectuelle est un fruit, l'auteur son arbre fruitier, l'amateur n'est qu'un arbre qui pousse seulement en verdure.

— Le voyage autour de sa chambre, un livre à la main, est celui qui souvent mène le plus loin.

— Rien n'est banal en soi, tout peut le devenir, ou cesser de l'être.

Pour le danger, le cirque romain n'était rien auprès de notre Bourse.

— L'homme a pour l'animal, ses organes et ses fonctions, le même mépris qu'un ange aurait pour nous.

— Dieu est plus cruel pour la femme que pour l'homme, puisqu'il a mis dans son lot la parturition, mais l'homme a réparé cette injustice en mettant dans le sien la guerre.

— Le guerrier, le bourreau, le boucher sont les trois frères ; cependant l'un a la gloire, le second la honte et le troisième l'argent.

— Si l'amour de la femme est du feu, celui de l'enfant n'est que de la fumée.

— On revoit chez soi un ami de retour avec le plus grand plaisir, pourvu qu'il ne reste pas plus de vingt-quatre heures.

— L'écrivain distingué met de la coquetterie à faire parler argot à ses personnages, c'est une popularité qu'il s'ajoute.

— De trop grands succès ou de trop grands échecs tarissent un auteur.

— Une crainte seule empêche de goûter la meilleure vie, l'expérience la plus faible fait supporter la vie la plus mauvaise.

— Ce qui doit contrarier le plus orgueilleux, ce n'est pas de mourir, c'est de savoir que les vers le mangeront.

— L'homme qui veut sûrement passer à la postérité doit préparer son épitaphe.

— Quand notre cœur se ferme, le ciel se ferme aussi pour nous, mais reste ouvert pour les autres.

— Le fonctionnaire en retraite est le seul mort qui puisse se promener.

— L'ermite gagne le ciel à s'abstenir de viande, mais pas le pauvre.

— La société se charge de contenir les passions du pauvre qui ne sont pas gratuites, mais elle lui permet largement toutes les autres.

— La société défend les biens des riches contre les pauvres, mais elle les lui grignotte.

— C'est la cocotte qui est l'instrument de revanche du pauvre.

— La recherche de la paternité et la crainte du mal vénérien font plus de peur à l'homme que l'enfer.

— Le mal vénérien est ce qu'il y a de plus moralisateur, c'est la morale physique en action.

— Les avariés sont les lépreux du vingtième siècle.

— La tuberculose a déjà fait valoir ses droits, comme successeur de la guerre.

— On décore le fonctionnaire devenu gâteux, comme on embaume les souverains morts.

— On disait autrefois : *son excellence*, on est bien près de dire aujourd'hui : *sa turpitude*, ce serait encore une flatterie.

— L'oraison funèbre du fonctionnaire mis à la retraite est déjà sur toutes les lèvres, mais on l'aura même oubliée plus tard quand il mourra.

— L'homme public qui se refuse à une injustice est comme une prostituée qui refuserait ses faveurs.

— Ceux qui préconisent les réformes sont souvent les derniers à les désirer.

— Les imbéciles les plus bêtes sont parmi les officiels.

— On raille Josué d'avoir arrêté le soleil ; ceux qui éteignent les étoiles ne sont-ils pas aussi hardis ?

— C'est l'orgueil qui conserve le mieux la chasteté, comme le sel la viande.

— La pudeur, comme le demi-nu, siéent à la femme ; le cynisme et l'habillé appartiennent à l'homme.

— Comment peut-on dormir quand on est heureux ? Comment peut-on ne pas dormir quand on est malheureux ?

— La luxure, l'ivresse, la gourmandise, l'avarice se succèdent ; quand il n'y a plus rien, vient la vertu.

— Ce sont les gens âgés qui devraient être les moins avares et ce sont eux qui le sont le plus.

— Le dévot veut faire souffrir les autres autant qu'il se fait souffrir lui-même.

— Vivre de son aiguille pour la femme, vivre de sa plume pour l'homme, sont les plus misérables métiers.

— Deux faux ménages ne coûtent pas plus cher à l'homme qu'un légitime, et il a le plaisir de changer.

— Une femme mariée a pour son amant une saveur particulière que la jeune fille n'a pas encore et que la divorcée n'a plus ; elle a la même pour les romanciers.

— Il y a des vices bien portés et d'autres mal portés, ce n'est pas la nature qui choisit, mais la société.

— La science officielle, aussi bien que la religion, excommunie les Galilées.

— Lorsqu'on n'écrivait pas encore de roman, on écrivait l'histoire comme un roman.

— On ne peut garder à la fois les enfants et les vieillards, il n'y aurait plus assez de place.

— Le succès immérité des autres nous corrompt comme notre propre succès.

— Quand on est moins sûr de l'avenir, on voudrait jouir davantage du présent.

— Une résolution prise nous guérit d'un grand tourment.

Nous ne sommes tout à fait justes que quand nous avons subi des injustices de toute part.

— Le cœur est plus de la moitié de l'esprit.

— C'est le bonheur qui féconde l'esprit et le malheur le stérilise.

— Le désir de passer à la postérité ne serait-il pas une preuve de l'immortalité de l'esprit ?

— Le paradis terrestre est au seuil de l'enfance d'un peuple, comme d'un individu.

— Les partis extrêmes peuvent convenir à l'intelligence, mais non à l'homme tout entier.

— L'intelligence a souvent autant de plaisir à comprendre et à apprendre qu'à inventer, car elle découvre ainsi encore pour elle-même.

— Le savant officiel est aussi intolérant que l'Eglise orthodoxe.

— Il n'y a de vérités incontestables que les mathématiques.

— L'oubli est l'anesthésique le plus énergique de tous.

— Une tête d'homme et un cœur de femme, qui a vu ce monstre ?

— Les petites audaces sont souvent blâmées de ceu. qui admettent les grandes.

— L'homme religieux préfère le libertin à l'athée et l'athée à l'hétérodoxe.

— Non seulement on peut préférer la mort aux souffrances, mais aussi la mort à la peur de la mort.

— La peur de la peur est le plus grand mérite du courage.

— Le matérialisme est à plusieurs degrés, on nie l'âme avant de nier Dieu.

— Rien ne console des petits chagrins comme les grandes douleurs.

— Le malheur n'est complet que quand la douleur morale et la douleur physique se mettent à jouer de conserve.

— L'homme aime les animaux, parce qu'il y découvre des inférieurs.

— Si la mort n'existait pas, l'orgueil des grands deviendrait intolérable.

— La mort de l'heureux est le triomphe du malheureux.

— Un auteur compose pour autrui, mais non pour soi, il ne se relit jamais.

— Ce qui est pur est fade à presque tous les estomacs, le faisandé donne appétit.

— Le soleil est à la lune ce que l'or est à l'argent.

— Une découverte efface l'autre, les chemins de fer nous semblent maintenant l'enfance de l'art.

— L'ami ne remplace le parent que lorsque le parent devient un ennemi.

— Le démocrate n'aime pas plus la démocratie que la fleur son fumier.

— A chaque mécontentement contre ses amis on a l'intention secrète de les trahir.

— Le jeûne est l'hypocrisie du riche et le patriotisme l'hypocrisie du pauvre.

— A subir le même marteau on s'habitue comme l'enclume.

— Le commerçant est un menteur par actions, comme l'orateur est un menteur par paroles.

— On disait : plus royaliste que le roi, on ne pourra dire : plus démocrate que le peuple, parce que ce dernier ne l'est pas.

— Il n'y a pas de mer qui n'ait un fond, il suffit de la jauger. Peut-on en dire autant de l'esprit humain ?

— La personne la plus indifférente, si nous sommes isolés, nous laisse un vide quand elle s'en va.

— L'argent peut nous consoler des honneurs, les honneurs de l'amour, l'amour de l'argent, les sentiments sont fongibles, mais si tout manque, l'esprit meurt.

— Changer entièrement de profession, c'est recommencer par l'enfance.

— Celui dont les habitudes manquent a la sensation d'être précipité dans le vide.

— Le moindre remords chez le criminel est le signe qu'il ne l'était pas de naissance.

— Autrefois. c'étaient les plus vieux qui étaient les plus méchants, aujourd'hui les criminels se recrutent parmi les jeunes. Pourquoi ? Parce qu'ils sont instruits plus tôt.

— La dévotion rend méchant parce qu'elle tourmente l'esprit qu'elle devrait calmer.

— C'est l'homme qui a peur, comme le cheval qui a peur, qui cause autour de soi le plus de désastres.

— La chasteté qui flambe au midi se conserve dans le nord, comme la viande dans le frigorifique.

— La patrie est le garde-manger des riches ; en cas d'orage les pauvres, comme des mouches, essaient d'y entrer.

— La consolation de ceux qui ne peuvent parler, c'est d'écrire.

— Le rire montre le bonheur d'un instant, le sourire celui de toute la vie.

— La colère est comme le tonnerre, la mauvaise humeur comme la pluie.

— Les animaux ont l'air de comprendre plus qu'ils ne comprennent ; les femmes ont l'air d'aimer plus qu'elles n'aiment.

— Les actifs ont autant de plaisir à travailler que les paresseux à ne rien faire.

— On est souvent plus heureux d'un rayon que du soleil tout entier.

— Ceux qui cherchent la petite bête, la trouvent partout, excepté en eux-mêmes.

— Il est facile de descendre quelqu'un à son niveau, très difficile de monter au sien.

— Depuis qu'il y a des socialistes, tous les autres sont devenus, au moins, sociologues.

— La sociologie est au socialisme ce que l'astronomie est à l'astrologie.

6

— A celui qui ne sent pas son malheur, nous retirons notre pitié.

— Il est aussi pénible de manger sans faim que d'avoir faim sans manger.

— Il faut plaindre ceux qui ne peuvent pas vivre, mais plus encore ceux qui ne peuvent pas mourir.

— Les oisifs veulent prolonger la vie, les laborieux, prolonger le jour.

— Il est fatigant de faire toujours le même travail, mais plus encore de repenser la même pensée.

— Quand on veut éconduire quelqu'un on parle toujours à sa place ; si on veut lui être utile, on l'écoute.

— Pour les êtres élevés, penser est meilleur que manger ; mais pour tous aimer est encore meilleur.

— Voiler certaines choses toujours aux enfants, c'est dire au spectateur qu'il n'y a rien derrière le rideau, il sifflera bientôt pour qu'on le lève.

— Instituer la coéducation, c'est mettre l'allumette près du feu.

— La féministe la plus zélée méprise secrètement la femme, laquelle ne peut avoir pour elle aucun prestige.

— Si les femmes jugeaient les femmes, il n'y en aurait pas d'acquittées.

— La femme n'aime les poupées que parce qu'elle en est une.

— Le nombril est souvent le seul souvenir que l'enfant garde de sa mère.

— L'avocat dans la vie politique est comme l'enfant qui ne cesse de crier.

— Le prolétaire est fier d'avoir procréé aussi misérable que lui, il est sûr d'une dynastie de misère.

— Le bourgeois, par un prodige, obéit à Malthus, sans l'avoir jamais connu.

— Le savant n'est sûr de rien, l'ignorant est sûr de tout.

— La foi du charbonnier est tout aussi intelligente que l'incrédulité du mastroquet.

— Le prêtre vit en parasite sur les consciences, comme la femme sur les sens.

— Une domestique ne pense qu'à la nuit pour dormir et au dimanche pour se réveiller.

— On parle toujours à l'homme de sa vie éphémère ; les insectes la trouveraient bien longue.

— La reconnaissance des enfants envers les parents pour leur avoir donné le jour est la plus inepte rapsodie, ce serait plutôt le cas de les maudire, si leurs soins ne le leur faisaient pardonner.

— Celui qui ne veut ni Dieu, ni maître, que veut-il donc ?

— Quand la main droite ne sait pas ce que fait la main gauche, un ménage est heureux.

— Entre l'homme brutal et l'homme sincère il n'y a qu'un cheveu.

— Si Victor Hugo a chanté l'ongle rose au bout du doigt de la femme, c'est qu'il l'avait senti.

— C'est une forme de la paresse de conserver toujours le même travail par la vitesse acquise.

— Les vérités de M. de la Palisse sont les seules sûres.

— L'écrivain semble au peuple le plus paresseux de tous, après l'ascète.

— La vertu se dépouille en entrant dans la vie publique et ne se reprend qu'à la sortie... si on la retrouve au vestiaire.

— Le romancier qui se peint dans ses romans ne donne jamais qu'une nouvelle édition du même.

— La fin de l'homme arrivera d'abord ; que lui importe la fin du monde !

— On s'habitue à tout, même à l'épée de Damoclès.

— L'homme grossier déplaît moins encore à l'homme bien élevé, que l'homme bien élevé à l'homme grossier.

— Le courage passif est aussi loin du courage actif que de la lâcheté.

— Les palinodies sociales sont aussi nombreuses que les métamorphoses des insectes.

— L'enfer se comprend mieux de l'homme que le ciel, parce qu'il est plus près de lui.

— L'enfer est l'image du feu, comme le démon est l'image de l'homme.

— Les voleurs n'ont plus de cavernes, ils ont des banques.

— On ne dépouille plus au coin d'un bois, mais au palais de justice ou à la Bourse.

— Les émissions d'une valeur financière sont comme un coup de canon, quelques instants après on ne trouve plus que des ruines.

— L'emprunt d'Etat est comme un bombardement, des brèches se font dans toutes les bourses.

— Il y a trois choses que le plus stupide comprend : la faim, l'amour et la mort.

— La prostitution est la fosse commune des femmes.

— Pour se désirer, il faut s'éloigner.

— Tant qu'il existera un homme, une femme est sûre de vivre.

— L'interdiction de l'inceste est aussi nécessaire dans une famille que dans l'écurie une barre entre deux chevaux.

— Les hommes pur sang sont d'origine moins sûre que chez eux les chevaux pur sang et les chiens de race, en Orient excepté.

— Avant de vanter les qualités héréditaires, il faudrait s'assurer qu'il y a bien hérédité.

— Procréer est un diminutif de créer, comme l'homme un diminutif de Dieu.

— Une araignée au plafond est toujours bien soignée, tant que la mort ne lui aura pas donné son coup de balai.

— Lombroso contre son but a fait plus acquitter de criminels qu'il n'a fait soigner de fous.

— Les avocats et gens de justice ruinent plus d'hommes que la peste n'en fait périr.

— Celui qui a l'habitude de jouer avec le danger est indifférent, mais plus encore celui qui joue avec le danger des autres, comme le médecin.

— Si tous les hommes étaient riches, tous seraient embaumés, aucun disséqué.

— La grève est pour les grévistes une douche périodique de misère qui les guérit pour un temps, et pour les autres une douche périodique de peur qui les rend féroces.

— Le pâtre traite son troupeau, comme le noble ses manants et le politicien ses électeurs, il n'en prend que le lait, le croît et la laine et laisse le reste.

— La plume ne peut pas plus s'arrêter d'écrire que la langue de parler, mais le public les arrête à temps.

— Un bon livre et une femme bonne remplissent l'un la journée et l'autre la nuit.

— Avec une seule idée on peut composer un volume, puis en faire germer d'autres en d'autres têtes à l'infini, comme un seul grain produit plusieurs moissons.

— C'est l'encre la plus noire qui frappe les yeux, comme la pensée la plus triste, l'esprit.

— La beauté du papier rend plus sévère pour ce que le livre contient, comme la toilette pour la beauté.

— Dès qu'un travail est commandé, il devient plus pénible, même si c'est nous qui le commandons à nous-mêmes.

— Nous voyons mieux nos propres défauts dans une personne qui nous ressemble.

— Le fermier qui cultive notre terre nous semble encore être à nous, et il lui semble que la terre est à lui.

— La mort d'une personne du même âge nous semble la prédiction de la nôtre.

— Le souvenir de nos malheurs nous est presque aussi pénible que le remords de nos fautes.

— La faiblesse nous fait presque autant de mal que la maladie, mais les deux ensemble c'est le comble.

— Quand nous sommes admirés dans notre famille seulement, nous pensons que ce n'est rien ; si nous ne le sommes pas là, nous pensons que ce serait quelque chose.

— Le cœur est plus difficile à déchiffrer que l'hiéroglyphe, aussi n'y a-t-on pas encore réussi.

— Les auteurs du XVII° siècle ne nous semblent plus beaux que de loin, comme les personnes laides.

— Dans le public beaucoup appellent le critique pour

savoir ce qu'ils doivent admirer, comme le tapissier pour choisir leurs meubles.

— Un original n'est flatté de ce nom que s'il est un écrivain.

— Le travail est élastique, il se resserre s'il a peu de temps devant lui.

— Les passions doivent sortir d'une façon quelconque ; si ce n'est pas en amour, c'est en haine.

— L'austérité religieuse fait dégénérer la passion, si l'on y cède, en débauche, on ne se damnera pas ainsi pour rien.

— La coéducation a été essayée comme une sorte de vaccination.

— Le peuple préfère le meneur au camarade, comme le clinquant à l'étoffe ordinaire et solide.

— La meilleure excuse de ceux qui trahissent un parti, c'est qu'ils pressentent qu'ils vont être trahis par lui.

— L'excès de santé peut causer autant de tourments que le manque.

— Si le soleil et le diamant ont des taches, pourquoi exiger que les autres êtres n'en aient pas.

— L'écrivain devant l'orateur, c'est le dessinateur devant le peintre.

— On n'a rien inventé dans l'art de tromper, ce sont les mêmes moyens qu'on emploie et qui réussissent toujours.

— Le comité électoral, c'est la caque dans lequel les électeurs doivent entrer.

— L'opposition est le stage nécessaire pour plus tard gouverner ; plus on l'a pratiquée, plus on sera absolu.

— Le peuple qui ne peut supporter le moindre geste d'un aristocrate, supporte tout de celui qui vient de lui.

— Aussitôt qu'une bourgade devient ville, elle se garnit d'un trottoir, en même temps que d'une vespasienne.

— Ne montrez vos vices à personne, de peur qu'on ne les imite, ni vos défauts, de peur qu'on ne vous en méprise.

— Celles qui ne vivent que de leur aiguille en meurent.

— Autrefois, dit-on, les rois épousaient des bergères, aujourd'hui les calicots n'en voudraient pas.

— Le socialisme chrétien, c'est, suivant les idées, le loup qui se fait berger ou le berger qui se fait loup.

— A mesure que la civilisation augmente, la vertu loge plus haut et atteint les combles.

— Plus les partis sont ennemis par en haut et plus ils fraternisent par en bas.

— Quand une tâche est finie, on n'est tranquille que quand on en a trouvé une autre.

— Lorsqu'un homme ou une plante veut monter plus haut, on doit l'élaguer par le bas.

— La femme qui a trop de chasteté manque de propreté.

— L'homme méprisé au dehors craint davantage de l'être chez lui.

— A force d'insuccès, un auteur lasse ses admirateurs, et après eux, lui-même.

— Il y a des renommées à long terme, même outre-tombe.

— L'immortalité du nom remplace pour les ambitieux l'immortalité de l'âme.

— La souris devenue femme et la femme devenue homme, étaient deux fictions de fabuliste ; elles se réalisent.

— Une femme dévouée est choquée si on l'empêche de se dévouer.

— Il y a des dévouements qui portent à faux comme le soutien d'un édifice.

— L'amour qui reste unilatéral, c'est un pont suspendu en l'air, et dont se moque le fleuve.

— Dans la création l'agneau ne peut se plaindre du loup, puisque la divinité les a créés l'un pour l'autre.

— Le lion n'est pas plus coupable de manger l'homme que l'homme de manger le bœuf, c'est la mâchoire qui rend tout légitime.

— Beaucoup d'hommes se créent une demeure splendide, mais c'est pour ne jamais y rester.

— Le mariage est pour l'homme une affaire d'argent et pour la femme une affaire de monde ; quant à l'amour, on ne sait qu'en faire.

— Celui qui prêche la repopulation ne la pratique point ; on ne prêche que pour les autres et non pour soi.

— Le roman met en scène plus de ducs et de marquis qu'il n'en reste.

— Les poëtes sont des aristocrates qui chantent et qui dansent toujours.

— Les romanciers attirent les lecteurs par les pages obscènes, comme les pêcheurs attirent les poissons par la rogue.

— Le gouvernement parlementaire n'est pas une balance à fléau, mais une bascule qui fait tomber brusquement.

— Le magistrat tourne autour de l'avancement, comme la mouche autour de la flamme, il arrive qu'il s'y brûle.

— Lorsque l'esprit n'a plus rien qui lui serve de nourriture, il se dévore lui-même.

— La peste a disparu de l'Occident, le scrupule a disparu à son tour.

— Le sentiment seul réchauffe et couve la pensée ; sans lui, elle ne peut éclore.

— La mémoire est ce qu'on prise le moins et ce qui nous rend le plus de services.

— C'est celui qui vous a le plus encouragé qui vous décourage le plus.

— Il y a des gens qui n'estiment que le succès actuel ou espéré, pour la valeur de l'œuvre ce sont les plus décourageants.

— On n'est lu que par soi et par ceux qui pensent et sentent comme soi.

— Celui qui se plaint toujours impatiente même ceux qui le plaignent.

— Les larmes d'une femme amènent plus souvent encore l'impatience que la pitié, celles d'un homme attirent le mépris.

— Un homme qui pleure auprès d'une femme devient moins qu'une femme.

— Le repos dominical institué par Dieu ne sert plus qu'au diable.

— Dans l'énumération des partis politiques aucune place officielle n'est faite à celui des mécontents, c'est le plus nombreux.

— Le féminisme remplace l'amour par l'amour-propre.

— La femme a plus honte encore d'une robe mal faite que d'une robe à bon marché.

— Les frais d'impression sont comme ceux des procès, les premiers empêchent seuls d'écrire, les seconds de procéder.

— La gourmandise a inspiré peu de poëtes ; c'est l'orgueil qui les inspire tous.

— Au premier né on aime la femme ; au dernier né, l'enfant.

— Chez la femme les cheveux ont pris tout le suc du cerveau.

— Le dimanche n'est agréable que pour ceux qui n'ont pas les six jours.

— Le souvenir du bonheur est à la fois un plaisir et un tourment.

— L'amour n'est une conquête que pour l'homme, puisque c'est la femme qui est la proie.

— On est toujours l'un des personnages du roman qu'on lit.

— Un amour pur est plus rare qu'un ciel pur.

— L'ambition est le meilleur remède contre l'avilissement.

— La critique juste excite l'écrivain ; l'injuste le décourage.

— Aucune philosophie n'empêchera de mordre au fruit défendu, si l'audacieux ne s'y est mordu en même temps lui-même.

— La syphilis est l'ange exterminateur envoyé par Dieu.

— La veille connue de la mort tout le monde serait ami.

— La superstition est le contrefort de la foi, comme celui des vieilles cathédrales qui les soutient.

— La chicane paraît plus douce que la violence, mais comme les mouches, elle produit des piqûres empoisonnées.

— Comme une maison riche, la femme a plusieurs étages : c'est au plus bas qu'on est le mieux logé.

— Dans le sort humain on réussit mieux en jouant à la baisse qu'en jouant à la hausse.

— Celui qui n'a pas travaillé le matin n'a pas le bonheur de se reposer le soir.

— Qu'est-ce qui ressemble le plus à une maison de fous ? Le Parlement, la Bourse et le Bal. Tout le reste est sagesse en comparaison.

Dieu, dit-on, a créé au commencement, aujourd'hui c'est l'homme qui crée. Lequel fait le plus mal ?

— On loue Dieu de nous avoir créés pour pouvoir le bien. C'est comme si l'on vantait un tripot, parce qu'on peut y gagner.

— Au chauve, pour ne pas s'enrhumer, on recommande les cheveux ; à l'homme, pour se sauver, on recommande la foi.

— Pour le peuple les vers sont des chansons ; pour les bourgeois ce sont des bouts rimés.

— L'écolier soulève son pupitre avec le même plaisir que le gourmet la coquille du mollusque, ou l'amour son voile, chacun y fait autant de découvertes que Christophe Colomb.

— L'orgueil d'être chef est partout le même, même celui d'être chef de cuisine.

— La rêverie est le rêve de l'homme éveillé.

— L'homme ne diffère de l'ange que d'un bout.

— Le paradis céleste est la projection du paradis terrestre.

— Les premiers insuccès désespèrent, les derniers dégoûtent.

— Les véritables oisifs ne distinguent pas le dimanche des autres jours.

— Le prêtre vit de l'autel, le romancier du roman, mais personne ne vit de la poésie.

— Les extrêmes se touchent ; la fourmi et l'éléphant sont les plus intelligents des animaux.

— Dans la guerre entre classes, le saboteur joue le même rôle que le corsaire entre nations.

— Quand on voit un accident, ce qu'on éprouve surtout c'est le plaisir de n'en être pas victime.

— Les seigneurs pratiquent la chasse au sanglier, comme les cheminots la chasse au renard.

— L'écrivain pense devant soi seul, l'orateur pense devant tous les autres.

— Le bourgeois s'ennuie le dimanche, parce qu'il en voit d'autres s'amuser.

— Le tambour de ville fut le premier journaliste, il s'en distinguait en ce qu'il mentait peu.

— Le premier qui fut roi fut un heureux soldat, mais il n'y a plus de soldat heureux.

— La conversion du roman en drame et du drame en opéra rappelle les métamorphoses de l'insecte.

— Les premiers dieux en Egypte furent des animaux, les seconds des animaux à tête d'homme, les troisièmes des hommes ; ils dégénéraient.

— Maintenant on préfère les enfants aux vieillards, seulement on n'en a pas.

— On offre pour prime de repopulation les deux sous dont les mendiants ne veulent plus.

— L'humanité progresse ; la traite des blanches a remplacé celle des nègres.

— La vanité a remplacé la viande comme nourriture.

— Les femmes aiment le demi nu et les hommes le nu ; ils sont bien près de s'entendre.

— Chat échaudé craignant l'eau froide, un pays qui a souffert de la dictature en craint l'ombre, mais le lendemain de l'anarchie, on y reprend goût.

— Ce qui fait surtout la force d'un pays, c'est la faiblesse de l'autre.

— La bourgeoisie paie le peuple en monnaie de singe, le clergé le paye en monnaie d'indulgences, le politicien fait mieux, il se fait payer par lui.

— Le malade laissé sans soins et celui entouré de trop de soins sont tous les deux sûrs de mourir.

— La naissance de la chair n'est déjà pas très heureuse ; pourquoi faut-il y ajouter la résurrection de la chair, surtout dans une religion où l'on a le mépris de la chair.

— On invoquait autrefois les saints du pays, maintenant ce sont les députés.

— L'homme au pouvoir se calme comme le fauve qui fait la sieste.

— La minorité, à force de crier, devient majorité ; si elle se tait, elle tombe à zéro.

— Le noble est aussi embarrassé devant un jour de travail que le prolétaire devant un jour de loisir.

— La crainte de l'enfer a été longtemps l'assaisonnement du péché, aussi celui-ci est devenu plutôt fade.

— Celui qui a tout loisir de le faire pèche moins vite.

— La laïcité n'est pas du tout la neutralité, mais seulement le contre-cléricalisme.

— Celui qui dort dans l'union légale se réveillerait dans l'union libre.

— L'éditeur est le parasite de l'intelligence, l'imprimeur en est le prédateur.

— Pourquoi ne pas remplacer le bal par une exposition sous vitrine ? Ce serait le dernier cri de la mode.

— Comment se plaindre de la fausseté des femmes, lorsqu'on est charmé déjà de la fausseté de leurs cheveux.

— L'homme de génie n'a de pire ennemi que l'homme de talent.

— Un ministère qui renverse un ministère c'est un voleur qui en vole un autre ; le diable en rit.

— Quand on ne vote pas, c'est qu'on vote contre les deux.

— Les opinions ne sont pas toujours les mêmes avant ou après le dîner, c'est au dessert que tout change.

— Le politicien a d'autres gogos que le financier, mais ce sont toujours des gogos.

— L'ordre, la religion et la patrie sont de vieux clichés, la démocratie et la fraternité en sont de nouveaux, mais ils servent aux mêmes fins.

— L'incompétence du public est l'incompétence juridique ; celle des juges est l'incompétence sociale. Laquelle vaut mieux ?

— Il n'y a pas de classe sociale qui n'ait sa morgue vis-à-vis des autres.

— Les monarques absolus et les révolutionnaires tuent le corps ; le clergé est plus puissant, il brûle le corps et l'âme enzemble.

— La démocratie envieuse est le chat qui ne dort jamais que d'un œil.

— Le peuple, pour couronner l'égalité, demandera bientôt une concession perpétuelle au cimetière, comme dernière concession.

— Le peuple a un privilège, c'est de loger plus haut que les autres.

— L'homme indépendant est la cible de tous les partis.

— Par une anomalie, les femmes ayant moins de cervelle, la logent dans plus de cheveux.

— L'arrivisme est la culture du champignon de couche.

— L'action empêche la pensée et la pensée l'action.

— L'idylle donne encore du drame et le drame de l'idylle.

— L'imitation par un auteur est encore tolérable, mais ce qui ne l'est plus, c'est l'imitation de l'imitation.

— L'immortalité de la famille semble contredire celle de l'individu, parce qu'elle la remplace.

— La gloire d'outre tombe est faite pour la famille qui n'en a cure.

— C'est la propriété littéraire qui asservit l'auteur vis-à-vis du public dont il devient le mendiant.

— Comme Job, le politicien couche longtemps sur le fumier, mais il s'en nourrit.

— Le jeu est plus à craindre que le vol, parce que la conscience y est tranquille.

— Le juge méprise le juré, et le juré n'aime pas le juge.

— L'homme religieux préfère les tyrans aux insoumis, parce qu'il est habitué à la dictature divine.

— Zoïle juge point par point et Aristarque chapitre par chapitre.

— Certains critiques épluchent les virgules, comme le confesseur les petits péchés, et les cuisinières les petits pois, ils ont le même esprit.

— Ce n'est pas l'âne seul qui d'après le fabuliste avait tondu de ce pré la largeur de sa langue, ce sont tous les pauvres que l'on condamne.

— La vertu des pauvres dégoûte le riche, même vertueux.

— Tous ceux qui ont réussi forment l'aristocratie du sort.

— Il y a des îles morales ; l'homme peut se sentir seul au milieu de tous.

— Il y a des indigents qui recueillent les miettes, il en est d'autres qui recueillent les vieilles illusions.

— Les richesses de l'esprit n'ont aucune valeur, si elles ne peuvent être exploitées.

— Les théologiens n'avaient pas prévu parmi les Ascensions celle en aéroplane.

— On ne croit d'ordinaire plus à rien, lorsqu'on a cru à tout.

— Le château et la chaumière sont d'ordinaire près l'un de l'autre.

— Il y a des auteurs qui ont tout, sauf l'haleine qui est courte.

— L'abeille tire ses sucs des fleurs ; l'araignée d'elle-même ; elle réussit moins.

— Le tissu trop fin se brise ; de même, l'œuvre trop délicate n'est pas comprise.

— Quand le temps est trop long, il n'y a que le travail de l'esprit qui puisse l'abréger.

— L'homme veut toujours la vertu, mais certains ne la veulent que pour les autres.

— Le magistrat se dit l'esclave du devoir, il n'est l'esclave que de l'avancement.

— L'homme qui est victime de la société se trouve le droit de talion.

— Le magistrat qui veut devenir populaire ne tire pas sa toque, mais se contente de la mettre sur le côté.

— Quand le magistrat veut plaire au peuple, il frappe sur Dieu ; s'il veut plaire à Dieu, il frappe sur le peuple.

— Qui craint la souffrance ne craint pas la mort ; qui craint la mort ne craint pas la souffrance.

— Les romantiques, s'ils avaient vu les décadents, seraient redevenus classiques.

— Il ne faut jamais demander qu'une chose à la fois, ni en accorder qu'une.

— Le voyage de la mort doit être le plus pittoresque, car on le réserve pour la fin.

— La religion du commerçant, c'est le commerce, comme la religion du savant, c'est la science.

— Le journalisme c'est la prostitution de l'esprit.

— Le plus grand ennemi de Voltaire, c'est Rousseau.

— Ce n'est qu'avant d'entreprendre la reconstruction qu'on critique le vieux.

— Les eugéniques ne comprennent pas qu'en vertu des mêmes principes ils deviennent des dégénérés.

— Les bourgeois ne sont que des politiciens greffés sur des eugéniques.

— A la différence des animaux, le peuple crie davantage lorsqu'il est repu que lorsqu'il a faim.

— Le clergé considère les laïques, surtout les siens, comme ses domestiques.

— Les enfants pour l'Etat servent au recrutement de l'armée, pour les prêtres à celui du clergé.

— Le plus sûr des programmes c'est la démission en blanc.

— Le journal est le catéchisme quotidien.

— C'est par sa femme que l'homme est jugé le plus sévèrement.

— S'il n'y a pas de grand homme pour son valet de chambre, il y en a encore moins pour sa femme, mais ici la réciproque est vraie.

— La vie d'une religieuse est souvent un dépit qui se convertit en routine, comme l'humidité en rouille.

— Le dompteur du peuple, comme celui du tigre, le tient à jeun jusqu'à la fin de la représentation.

— On plaint moins les autres quand on se plaint soi-même.

— Le chat se cache sous la table pour monter dessus, le politicien s'abaisse au peuple pour s'élever.

— Le comité électoral est le cicerone de profession qui exige un pourboire.

— L'homme paraît vertueux quand il se demande seulement si c'est dans le mariage que l'entretien de la femme lui coûte le moins cher.

— La quantité des productions de l'esprit est nécessaire pour y trouver la qualité, c'est comme le lait pour trouver la crème.

— C'est le meilleur qui le devient davantage dans la prospérité ; le plus mauvais le devient seulement dans l'adversité.

— Les bourgeois qui détruisent l'alcoolisme dans le peuple, comme ceux qui lui donnent l'instruction, travaillent contre eux-mêmes.

— Les classes sociales ne s'accordent pas, mais se balancent ; quand l'une est en haut, l'autre est en bas.

— Dans la répartition, le peuple veut part aux bénéfices, mais point aux risques.

— Le meneur est un des parasites sociaux ; il se distingue des autres en ce qu'il suce une substance plus maigre.

— La plume de l'écrivain est souvent celle du paon.

— La presse est la diffamation salariée.

— Le politicien a le talent de convertir les tragédies en comédies.

Les coteries ont tous les inconvénients des partis, sans leurs qualités.

— Une démocratie combat la dictature, parce qu'elle a peur, un moment donné, de la vouloir.

— Les querelles parlementaires rendent le public tout à fait indifférent, jusqu'à ce qu'on frappe à sa caisse.

— La politique usuelle, c'est de toujours sacrifier les intérêts des autres, pour qu'on ne pense pas à attaquer les nôtres.

— Quand on fait des legs pieux, ce n'est pas par bienfaisance pour les autres, c'est par bienfaisance pour soi.

— L'amour-propre froissé est dangereux, combien plus quand ce sont deux amours-propres qui se froissent !

— Le duel d'aujourd'hui c'est l'hypocrisie de la bravoure.

— La guerre étrangère est le dérivatif de la guerre civile.

— La pluie et le soleil sont indifférents aux riches, comme aux mineurs ; les extrêmes se touchent.

— Le riche qui affecte la religion est comme la mère qui fait semblant de boire d'un remède pour le faire avaler par son enfant.

— Le riche socialiste chrétien ressemble au bateleur qui fait la parade et s'administre des claques et des coups de pied.

— Le mondain qui fréquente un salon fait autant de génuflexions que le prêtre qui fréquente l'autel et répète autant les mêmes phrases.

— Il n'y a que les morts que les hommes laissent en repos, mais ceux-ci ne sont-ils point rattrapés par d'autres ?

— Celui qui écrit pour le public ses impressions, parfois ressemble au joueur de flûte qui croit tirer des sons et n'en tire aucun.

— L'homme aime tant à fêter, qu'une fois par an il fête jusqu'à ses morts.

— La mythologie est la religion la plus naturelle à l'homme. Vénus ne lui faisait-elle pas croire à tout le reste ?

— Entre la religion et la superstition, quelque distinctes qu'elles soient, il y a l'épaisseur d'un cheveu.

— L'ambition est aussi peu naturelle pour un prêtre que la débauche pour un moribond.

— La pensée trop fine est comme un rasoir trop fin, elle ne coupe pas.

— La pendule est le métronome de la vie.

— Celui qui est fier de sa naissance oublie le point où il est né.

7

— Quand une responsabilité est divisée, elle n'est pas partagée, elle est nulle.

— La morale d'une religion positive a l'inconvénient de frapper les siens beaucoup plus que les autres.

— La vanité est éphémère, l'orgueil éternel.

— Le journal est une feuille de papier qui s'envole plus loin qu'une feuille d'arbre.

Lorsqu'on pèse à faux poids, on s'en aperçoit, mais quand on juge ainsi, beaucoup moins.

— Il est impossible que tous soient riches, mais il est possible que tous soient pauvres, cela dépend des lois.

— Il ne suffit pas qu'une idée naisse juste, il faut que le public la baptise pour qu'elle entre dans le monde.

— On enterre, on embaume ou l'on incinère le cadavre sans le consulter, de même qu'on emmaillotte l'enfant.

— Les Egyptiens, en embaumant le cadavre, avaient résolu à leur manière la question de l'immortalité.

— Le sourire est la moitié du baiser, le baiser la moitié de la possession.

— Les baisers sur le front, sur la joue ou sur la bouche sont aussi différents l'un de l'autre que ceux du père, du frère ou de l'amant.

— Les cheveux sont les seuls qui ne souffrent pas dans l'homme, c'est ce qui fait qu'on les aime tant.

— Le poète est aussi heureux, qu'il chante tristement ou joyeusement, l'amour-propre lui égalise tout.

— On ne parlera bientôt plus de la poésie, comme déjà de la mythologie, que par pure érudition.

— Le mariage est la canalisation de l'amour, aussi celui-ci y devient-il stagnant.

— Le veuvage est la libération de la plupart des femmes après un travail sexuel forcé, le divorce est celle de tous.

— La femme vit de son sexe, quand l'homme végète avec le sien.

— La banalité est comme le pain, tout le monde en vit ; l'originalité est comme l'alcool, on en meurt.

— Le travail n'aurait-il pour récompense que de chasser l'ennui et d'engourdir la douleur, ce serait assez.

— Un bonheur ne chasse pas l'autre, mais une douleur chasse l'autre, ce qui est un bienfait.

— Pour accepter la morale banale, il faut un esprit banal comme elle.

— Lorsqu'on s'arme d'un côté, on est sûr d'être attaqué de l'autre.

— Fêter les jours de fête, c'est les voler à ses domestiques.

— Le poëte a gardé l'antique animisme, pour lui le vent est la plainte de la nature qui ne se plaint de rien.

— Adam a été chassé du paradis terrestre ; Ourang-Outang est en train d'y entrer.

— Le berceau et la tombe tant chantés ne sont remplis que de pourriture, aussi l'homme les recouvre, l'un de dentelles et l'autre de fleurs.

— Une religion tempérée est la bourgeoisie de la religion, on n'y croit qu'à ce qui profite.

— On peut être actif par routine.

— L'obéissance passive est une paresse, on s'y abstient de penser.

— Ne vivre que de précautions, c'est se condamner à la mort sans mourir.

— Qu'importe que l'avare ne profite pas de son or ! Il en jouit.

— Pour trouver une pensée profonde, il n'y a pas besoin de beaucoup bêcher, il suffit de tomber juste à l'endroit.

— C'est pour l'inconnu passant dans la rue que nous avons la bienveillance la plus entière.

— Nous sommes reconnaissants envers ceux qui ne réussissent pas.

— Le scolaire et le classique sont les deux corsets de l'esprit.

— Le roman, comme la culture, a sans doute besoin de fumier, c'est pour cela que les romanciers français ne l'épargnent pas ; c'est ce qui explique qu'on y trouve tant de prostitutions et d'adultères.

— Le littérateur met son amour-propre à paraître plus libertin qu'il ne l'est.

— L'homme se révolte contre Dieu, comme l'enfant bat sa poupée.

— Si nous préférons l'abeille à la fourmi, c'est que celle-ci ne fait rien pour nous.

— Le peuple, qui ne sait pas le latin, a cependant fini par comprendre le *sic vos non vobis* du poëte.

— Notre livre est comme notre enfant, il n'a jamais de défaut si on le critique ; nous finissons par lui en trouver si on ne le critique pas.

— Les souvenirs d'enfance ne nous semblent beaux que par comparaison ; de même les choses exotiques.

— Il n'y a pas d'homme chaste qui ne se soit quelquefois repenti de l'avoir été.

— Les Chinois et les Musulmans sont des hommes sages, les premiers pratiquent à la fois plusieurs religions et les seconds épousent à la fois plusieurs femmes, de même que nous avons toujours plusieurs chemises de rechange.

— Les décadents disloquent les vers, comme les clowns disloquent leurs membres pour amuser le public.

— Les romantiques se croyaient bien hardis en attaquant les classiques, et les hérétiques en attaquant les orthodoxes ; les décadents ou les libres-penseurs les confondent entre eux.

— L'inventeur vis-à-vis du précurseur enlève tout, honneur et profit ; celui-ci est le paria de la renommée.

— C'est une paresse de l'esprit de ne pas vouloir changer de travail.

— C'est une sagesse nécessaire, lorsqu'on le peut, de se doser à soi-même la tristesse comme le travail, car les deux sont une tâche.

— Quand on est habitué à être malheureux, le bonheur étonne, il faut s'y habituer à son tour.

— C'est la mauvaise santé qui nous rend le service de nous faire la mort moins pénible.

— Prendre tous ses repas seul habitue à l'égoïsme.

— Si l'on se renferme volontairement chez soi, on ne pense plus à sortir ; si c'est forcément, on ne pense plus qu'à cela.

— Le souvenir et l'oubli sont deux tisanes que le cœur malade doit savoir se verser alternativement.

— Le libraire bien achalandé c'est l'âne chargé de reliques, il a la même fierté.

— Voltaire avait raison de consulter son valet de chambre, mais celui-ci aurait eu grand tort de le consulter à son tour.

— J.-J. Rousseau n'aurait pas connu, comme il l'a fait, le cœur humain, s'il n'avait auparavant éprouvé ce qui est au-dessous.

— Le public n'aime pas les partis extrêmes, parce que ceux-ci le tirent par les oreilles, ce qui l'empêche de dormir.

— La grande force des socialistes, c'est de ne savoir au juste ce qu'ils veulent, parce que, s'ils le savaient, ils le diraient, ils ont le même avantage que l'Eglise qui ne parle que latin.

— Ceux qui écrivent trop diffèrent de ceux qui mangent trop, en ce qu'ils donnent des indigestions, non pas à eux-mêmes, mais aux autres.

— Les gens du peuple se battent surtout à coups de pied et de poing, mais les parlementaires se réservent désormais les injures.

— On ne devrait être admis dans un parlement qu'après avoir été clown dans un cirque, on serait devenu tout à fait élastique.

— Ceux qui veulent faire retourner le paysan à la campagne ne voudraient pas y revenir pour tout au monde, c'est ce qui fait qu'on ne les écoute guères.

— Les critiques sont heureux qu'il y ait des abus, ils veulent les atténuer, mais non les détruire.

— Nous nous lassons de tout, même des personnes que nous aimons le mieux, seulement nous y revenons plus volontiers.

— Si nous mourions deux fois, la première mort nous serait fort indifférente.

— Si la chair est faible, chez certains l'esprit l'est encore plus.

— L'avortement est l'apprentissage de l'infanticide.

— L'art est un plaisir plus pur sans ambition.

— La nature toujours ironique a fait du pays du soleil celui des moustiques et des serpents.

— Les joies du cœur trompent souvent, celles des sens jamais, parce qu'elles donnent tout de suite ce qu'elles promettent.

— Nous procurons rarement autant de plaisir que nous en avons, mais tantôt plus, tantôt moins.

— La femme couchée a plus de force qu'un homme debout.

— Le plus sûr moyen d'obtenir c'est de ne compter sur rien.

— Le bienfait pour ceux qui vivent longtemps c'est d'aboutir à l'indifférence finale.

— Quand l'estomac est creux, l'esprit est plein ; quand l'estomac est plein, l'esprit est vide.

— L'habitude de la correctionnelle est plus abrutissante pour le juge que pour le coupable.

— Le malheur c'est le marteau et la malchance la scie.

— Le comité électoral c'est le politicien qui se sacre lui-même.

— Ce que nous faisons pour nous distraire est souvent meilleur que ce que nous faisons pour exceller.

— Autrefois, le billet doux s'appelait poulet, aujourd'hui, la fausse nouvelle dans la presse est un canard ; le premier est destiné à la cocotte, la seconde aux dindons, ce sont les emprunts que l'homme fait à l'animal.

— Si l'amour-propre rend aveugle, l'intérêt rend perspicace, il en résulte une balance.

— La lettre ouverte est destinée à celui qui ne veut pas la recevoir, pour que tous les autres la lui racontent.

— Avant de mourir, la plus haute sagesse consiste à mettre les bouchées doubles.

— On ne lit jamais que son journal, comme on ne se sert que de son vase de nuit.

— On ne veut pas plus la vérité que la justice, même quand l'erreur et l'injustice nous nuisent, si celles-ci peuvent nous servir plus tard.

— Si Paris valut jadis une messe, il vaut bien maintenant le contraire.

— L'effort ne vaut pas le sort, la veille ne vaut pas le sommeil.

— La mort ne ferait pas de peine aux malheureux si elle ne leur faisait pas de peur.

— On a crainte de tomber dans la boue, mais plus encore de tomber sur le pavé.

— Le proverbe est l'oracle rendu par le peuple.

— Jupiter fut comme tous les grands hommes, on le fit accoucher à coups de hache.

— A Paris l'esprit pousse plus vite, comme la plante sur plus de fumier.

— La réussite des autres diminue la nôtre.

— Le plaisir de ceux qui travaillent c'est de faire travailler.

— Nous ne permettons pas volontiers qu'on fasse notre psychologie, pas plus qu'on fasse notre anthropométrie.

— Condenser est tout à fait distinct d'abréger ; le premier resserre, le second élague.

— La mort des uns profite aux autres, comme les feuilles tombées font de l'engrais.

— Celui qui a beaucoup souffert de l'intolérance devient le plus intolérant à son tour.

— L'homme est aussi énervé par le bien qu'il espère que par le mal qu'il attend.

— C'est, en littérature, comme ailleurs, ce qui était le plus distingué qui devient le plus banal.

— L'homme le plus remarquable, s'il fait son propre éloge, attire la critique de ceux qui l'estiment le plus.

— La critique par le silence est la plus sévère de toutes.

— Le succès d'estime est une oraison funèbre anticipée.

— Le pauvre ne descend plus dans la rue pour mendier, c'est au tour du riche de monter chez lui pour le solliciter.

— Le minimum de l'aumône a doublé, c'est devenu une injure de donner un sou à un mendiant.

— La charité était une des ficelles de la popularité, la solidarité en est une autre.

— Il faut beaucoup de nuages pour couvrir le ciel, pour l'âme humaine il n'en faut qu'un.

— Les fleurs du mausolée sont la toilette des morts.

— L'oubli des morts est une paresse chez les vivants.

— La mort officielle s'appelle le décès, de même que le mari officiel est l'époux.

— La fleur du cimetière est le regard de l'être aimé, le chant des oiseaux en est la voix, le soleil en est le sourire, la rosée en est les pleurs, mais l'âme elle-même où est-elle ?

— Un rayon de soleil console l'homme du nord, comme une goutte de pluie l'homme du midi.

— La religion ayant disparu, l'aviation sera le seul moyen de monter au ciel.

— Le luxe des riches, c'est leur fortune exposée devant les pauvres, comme sous une vitrine, il n'est pas étonnant que de temps en temps ils brisent la glace.

— Depuis qu'on ne parle plus latin, on parle argot ; dans tous les cas on ne veut point parler le langage ordinaire.

— L'ouvrière qui ne travaille pas assez dans l'étoffe des autres, fait travailler la sienne.

— Celui qui ne fait qu'une sorte de travail, est comme celui qui ne mange que d'un plat, il a toujours moins d'appétit.

— La pluie ennuie toujours, le soleil quelquefois.

— Ce qui nous fait aimer l'enfant, c'est que nous croyons qu'il nous continue.

— Le sentiment paternel, c'est l'instinct de la création, nous devenons un petit dieu.

— Le prêtre ne comprend dans la religion que la pratique, de même que le juriste dans la loi ; ce qui est au dessus ou à côté leur est suspect.

— Les peuples du midi masculinisent le soleil qui chez eux est plus fort ; ceux du nord le féminisent, parce qu'il est faible et dure moins longtemps.

— L'humain est une mixture du sentiment et de la pensée.

— Tout prosélyte a les vertus et les défauts de Don Quichotte.

— La générosité est le fumet du bonheur.

— L'ivresse est la poésie de l'homme brut.

— L'aveu est le résultat d'une opération chirurgicale de l'âme.

— L'homme dit pour se disculper : cherchez la femme, et la femme : cherchez l'enfant.

— Les devoirs de la religion, de la société et du monde forment le triple cadenas de l'homme qui n'en peut mais !

— La mort est doublement cruelle pour les arrivistes.

— La tristesse de la veille double le plaisir du sommeil.

— L'homme a trop de dix doigts, puisqu'il ne travaille plus que huit heures par jour.

— Celui qui se plaint toujours n'est pas plaint.

— Un lieu qu'on n'habite plus ne garde que les meilleurs souvenirs.

— Une dame ne pense qu'à renvoyer sa bonne, et quand elle est partie, à la regretter.

— L'éclat de rire est le tonnerre de la joie, le sourire en est l'éclair.

— L'argent est l'ami que l'absence ne fait pas oublier.

— La mer attire l'homme, parce que c'est elle qui ressemble le plus à l'infini.

— Le politicien triche avec le succès, comme le joueur avec la chance.

— L'épée de Damoclès est la plus cruelle de toutes, le travail de Pénélope le plus dur de tous.

— Une religion trop parfaite diminue ses fidèles.

— Une demi-vertu nous attire, parce que nous en possédons juste autant.

— Fermer les yeux pour ne pas voir est le premier degré du courage, les ouvrir pour voir est le second.

— L'amour du drame tient surtout à ce que nous nous félicitons de ne pas l'avoir vécu.

— Nous blâmons le suicide, surtout pour nous excuser de n'en pas avoir le courage.

— C'est d'abord notre égoïsme qui nous fait ne pas supporter celui des autres.

— Le souvenir d'un parfum nous remémore mieux que celui d'un son, celui d'un son mieux que celui d'une vision ; les sens les plus inférieurs sont les plus intenses.

— La Tour d'ivoire a remplacé, comme rengaine de lettrés, l'homme de la nature de J.-J.

— Le surhomme de Nietsche se rencontre couramment sur les bancs de la Cour d'assises.

— Les brigands ne sont réputés tels qu'en temps de paix.

— L'homme désœuvré plaît aux étrangers et déplaît aux siens.

— La production des œuvres de l'esprit empêche leur consommation. Le bon auteur lit moins que le lecteur.

— Le lecteur qui ne fait que parcourir pour savoir l'intrigue et le dénouement ne mérite pas ce nom, c'est un lecturier.

— Le pur érudit est un chiffonnier qui cherche dans l'ordure des siècles.

— Le théologien moral est surtout un vidangeur.

— Celui qui ne croit plus à rien s'en console, quand il croit à lui-même.

— On veut bien voir encore la fin de la vie, mais pas la fin de la fin.

— L'indifférence des autres finit par rendre indifférent soi-même.

— On se chauffe plus facilement en hiver qu'on ne se rafraîchit en été.

— Il est plus difficile de commencer un ouvrage que de le continuer.

— En politique, lorsqu'on ne peut plus avancer, il faut reculer, on ne peut rester immobile.

— C'est dans la famille que l'égoïsme est le plus choquant et c'est là qu'il existe le plus.

— L'injustice n'est naturelle à l'homme que quand elle se double d'égoïsme.

— La religion tient son fouet suspendu de loin et la société de près.

— Le vice, la passion et la vertu sont trois degrés du thermomètre moral.

— L'économie est à la richesse ce que le soleil d'hiver est au soleil d'été, elle éclaire, mais elle ne réchauffe pas.

— La grève est le jeûne social, il a remplacé le jeûne religieux.

— Le mal fait peut se réparer quelquefois, le bien qu'on a fait, jamais.

— La vieillesse est le désert qui s'étend jusque dans les villes.

— Un enfant n'est vraiment majeur que lorsque les parents sont morts.

— Le plus parfait égoïste est celui qui pratique la bienveillance générale.

— Pour progresser, il faut toujours se croire un peu plus qu'on n'est.

— On croit souvent par un instinct trompeur que le malheur vient du mal et le bonheur du bien.

— Ce qui est plus bas en nous nous est plus personnel que ce qui est plus haut.

— Chaque jour de notre vie est peut-être le dernier jour d'un condamné.

— Le poëte voit la nature à travers des verres de couleur.

— Le sommeil est le seul plaisir qu'on ne se reproche pas.

— L'ironie est la coquetterie de la mélancolie.

— Les nobles se vantaient de ne savoir signer, les médecins se vantent dans leurs ordonnances de ne savoir écrire.

— Le chant du ramoneur annonce l'hiver, comme celui du rossignol le printemps ; le premier est plus utile.

— Le jardin public, comme la fosse publique, est pour le peuple, car chaque riche est Sémiramis.

— Job n'est pas le seul qui se plaise sur un fumier.

— La légende a tiré la femme de l'homme, comme la nature l'homme de la femme.

— Il n'y a que la polygamie qui puisse garantir contre le concubinage.

— L'été la grue est sur la grève, l'hiver elle est sur le trottoir.

— Lorsque dans le monde on veut abaisser quelqu'un, le meilleur moyen n'est pas de le contredire, c'est de ne pas l'apercevoir.

— Le désespoir rend plus fort que le dernier espoir.

— La croyance, comme le sapin, est la seule verdure qui puisse traverser l'hiver rigoureux.

— On a bientôt trop de tout ce qu'on ne partage pas.

— Le brouet de Lacédémone n'aurait jamais fait pécher Adam.

— Une réunion publique où l'on ne crie pas est comme un banquet où l'on ne boit pas.

— Aucune de celles qui sont au bal ne se figurent qu'elles sont à vendre sur un marché.

— Toute la vertu d'une femme honnête consiste en ce qu'elle est à vendre et pas à louer.

— Le stage est presque aussi pénible pour l'entrant que la retraite pour le sortant.

— Le ciel qui va pleurer fronce d'abord le sourcil.

— La religion dit au trappiste : il faut mourir, et la société : il faut vivre. Laquelle est plus cruelle ?

— La femme se sacrifie ou s'impose, il n'y a pas de milieu.

— Le doute est aussi poignant à l'esprit que le remords au cœur.

— La délicatesse est la subtilité du cœur, et la subtilité, la délicatesse de l'esprit.

— Comme en sarclant, on n'arrache souvent les mauvaises herbes de l'esprit qu'avec beaucoup de bonnes.

— Dans le bonheur présent on a honte des malheurs passés.

— Quand votre sort s'élève, il faut laisser vos anciens amis, ou ce sont eux mêmes qui vous délaissent.

— Donnez un dîner de bienvenue à votre arrivée, n'en donnez pas un d'adieu à votre départ, car on ne vous le rendra pas.

— Le meilleur moyen de ne pas subir d'ingratitude, c'est d'être soi-même ingrat.

— Tout est simple dans la nature et compliqué dans la société.

— Avoir pitié de soi-même, c'est se chercher des excuses.

— Il y a la même différence entre la critique et l'invention qu'entre démolir et bâtir ; le même ne sait faire qu'un seul de ces travaux.

— Une fenêtre sans rideaux, c'est comme une personne sans chemise.

— Le préfet est le forçat de la nation, le ministre en est le domestique, le député en est le maître.

— Aujourd'hui la chute des rois n'est pas plus dangereuse que celle de clowns, ils rebondissent ailleurs.

— L'insecte fait peau neuve partout, l'homme en changeant de domicile.

— Il y a dans les ménages, comme ailleurs, quelqu'un qui règne et ne gouverne pas.

— Le nu tente l'artiste, le voile tente le poëte, l'écorché tente aujourd'hui le romancier psychologue.

— La femme devrait être haïe, si elle n'était tant à plaindre.

— On ne meurt qu'une fois, mais on vieillit plusieurs et à chaque chagrin.

— S'il n'y avait pas de jours de pluie, le soleil nous serait tout à fait indifférent.

— Le peintre comprend le modèle, le modèle ne comprend pas le peintre.

— Celui qui recommence après un échec est deux fois brave, s'il n'est pas deux fois fou.

— Si l'on regrette le temps passé, c'est pour y faire le mal plutôt que le bien.

— L'homme timide aime mieux les caresses qu'il reçoit que celles qu'il fait.

— La catholique mariée à un impie est comme un vivant lié à un cadavre.

— Le journaliste rend un service analogue à celui du vautour ; s'il se souille, il nettoie la société de ses corruptions.

— Si l'on ne voulait que les jours sans pluie, la vie serait singulièrement abrégée. Qu'en resterait-il ?

— La nuit, comme la mort, est le temps du repos, mais à condition, comme dit Shakespeare, qu'elle soit sans rêve.

— La lecture nous fait voyager dans le temps et dans l'espace, plus vite que toute locomotive.

— L'automobile n'a progressé qu'à force d'accidents, comme l'enfant à force de chutes.

— La femme mariée mendie parfois une toilette à son mari par les mêmes moyens qu'une courtisane.

— L'histoire bien pensante parle des mignons d'Henri IV avec la même décence que de son sacre.

— Personne chez nous ne se vante plus d'arrêter le soleil, mais beaucoup, comme Chanteclair, de le faire venir.

— Les peuples guerriers ont plus de plaisir à tuer qu'à vivre.

— Comme certaines mines, il y a des esprits qui épuisent vite leur filon et qui doivent le recouper.

— Il y a souvent autant d'avantage à éclaircir un fourré qu'à l'avoir fait pousser.

— Le socialisme est une des formes perfectionnées de la gamelle.

— Quoi d'étonnant si l'homme est si fragile ? Sa pensée elle-même se perd avec le papier ou la carte qui la contient.

— Celui qui nous vante est celui qui nous console le mieux.

— Le style est le poinçon de l'esprit.

— C'est celui qui n'a rien sur la terre qui cherche le ciel.

— Le comble de l'injustice c'est de forcer la victime à se justifier.

— Quand la vertu est désintéressée, c'est qu'elle redevient un instinct.

— Il est aussi difficile aux uns d'être mauvais qu'aux autres d'être bons.

— L'amour ne se forme qu'avec un peu de gaillardise, comme le pain avec un peu de levain.

— Un roman ne nous plaît tout à fait que si nous nous y reconnaissons, comme un miroir, seulement si nous pouvons nous y voir.

— Si un malade veut s'offrir la torture, il n'a qu'à ouvrir un livre de médecine.

— Un livre de théologie morale est une glace où l'on se voit à nu.

— Le confesseur doit être heureux de constater combien d'autres pèchent plus que lui.

— Le juré se demande d'abord s'il s'absoudrait en pareil cas.

— Les crimes dépendent des classes, comme tout le reste, il y a ceux qui sont nobles, bourgeois ou populaires, et chaque classe ne punit que ceux de l'autre.

— C'est le sentiment de la maternité qui a créé le culte de la Vierge, il est fier de redevenir pur.

— La surenchère existe dans l'art et la littérature, comme dans la politique ; on y recherche les monstruosités et les exceptions, tout ce qui est exagéré, plus que le reste.

— La bonne éducation est un bonheur pour les autres et un malheur pour soi.

— On ne sent jamais toutes les qualités d'une personne qu'après sa mort et tous ses vices que pendant sa vie.

— La génération par la pensée a besoin d'excitants comme l'autre.

— Il y a toujours entre deux caractères des points qui ne se touchent pas.

— Pourquoi dans la vie d'outre-tombe, suivant les chrétiens, y a-t-il deux jugements, sans que l'un soit l'appel de l'autre ?

— Le cerveau humain ne peut pas plus contenir le r
qu'une coquille, la mer.

— L'agnosticisme, accusé d'orgueil, est, au cont
une doctrine d'humilité.

— Celui qui voyage emmagasine le monde, comm
tains instruments emmagasinent l'électricité.

— On ne vante ce qui se passe à l'étranger que si l'
mécontent de son propre pays.

— L'auteur s'éteint dans l indifférence du public, c
le feu dans l'azote.

— L'extrême fortune rend inhumain, comme l'ex
pauvreté, la pitié règne dans les situations moyenn
l'on jouit et souffre tour à tour.

— Pour le linguiste proprement dit le langage
qu'une plante desséchée dans un herbier ; pour le
logue, c'est une plante vivante.

— Les Chinois ont un salon pour les morts, comm
en avons un pour les vivants ; sans doute, les mort
rendent leur visite.

— Un vieux meuble rappelle autant de souvenirs
vieux château ; même il les transporte.

— Le religieux sans vocation se force à la tristesse, c
l'homme du monde au sourire.

— La soupe est le dessert du pauvre.

— L'homme n'est pas le seul être solitaire ; la fl
fleurit plus lorsque l'oiseau cesse de chanter.

— Un brin d'espoir suffit pour guérir, comme une
de thé pour assainir.

— L'illusion est le sucre moral qui édulcore la vie.

— L'esprit donne sa fleur avant de donner son frui

— Le dernier plaisir, qu'il soit de richesse ou d'am
est un plaisir abstrait.

— La pensée donne son bonheur, quand même elle
rait inedite, comme la fleur, quand même elle ne ser
cueillie.

— Les romanciers n'épuiseront jamais les nuance
maines, aussi ont-ils le tort d'en laisser pour cré
nuances artificielles.

— L'hérédité est l'immortalité du corps.

— L'affection volontaire est une infidélité au lien du sang.

— La politique est une liqueur forte près de laquelle toutes les boissons semblent fades.

— Le faux de la dépêche d'Ems n'est un crime que pour ceux auxquels elle a nui.

— Celui qui vend sa bibliothèque commet le plus grand acte de découragement.

— Par singulière anomalie, la Bible est le livre par excellence bien plus des hétérodoxes protestants que des orthodoxes catholiques.

— L'histoire n'a jamais été tant en honneur que depuis qu'on dédaigne le passé.

— Autrefois l'invention remplaçait trop la documentation, maintenant on documente l'idée absente.

— La poussière des faits est comme la poussière du charbon, elle n'a de valeur que par la synthèse, comme l'autre en aggloméré.

— Quand on ne peut éreinter un auteur dans ses œuvres, on le fait dans sa vie privée, c'est une consolation.

— Le critique le plus idiot décourage l'auteur le plus sûr de lui.

— On ne peut verser certains sentiments d'un esprit en l'autre, pas plus qu'on ne peut traduire certains textes d'une langue étrangère.

— Il y a des personnes qui ne peuvent apprendre qu'en écrivant elles-mêmes.

— La poësie n'est pas plus goûtée de ceux qui ne sont pas poëtes que la musique des sourds.

— Un prêtre croit par profession, comme un laboureur laboure et comme un juge punit.

— Avoir pitié des grands criminels, c'est mettre des vipères dans sa chambre.

— Tous les romans sont elliptiques par moments, ils ont, comme le *Lohengrin*, un rideau de fleurs pour la chute, mais le lecteur voit au travers.

— De tous les arts le plus indécent est la statuaire, aussi la permet-on sur les places publiques.

— La toilette est le développement du pagne, comme la fleur celui de la feuille.

— L'homme est tellement préoccupé de relever tout ce qui le concerne que la Bible attribue à la divinité l'invention du pagne dans le paradis.

— Les amateurs des causes finales ont oublié d'attribuer la nuit à la décence.

— Un homme original est un demi-fou, un auteur original, un demi-génie.

— L'auteur s'engoue et se désengoue de son œuvre plus que tout autre.

— L'observation psychologique a cet avantage, qu'on peut la faire sur soi-même aussi bien que sur autrui.

— L'étymologie de défunt, c'est retraité, mais on n'y aura plus besoin de pension.

— Ce sont les esprits chagrins qui donnent la vérité, comme les remèdes amers, la santé.

— Les châteaux modernes sont des imitations maladroites ou des anachronismes, comme les chevaleries nouvelles.

— Une église catholique ressemble toujours vaguement à un cimetière, comme un temple protestant à une salle de concert.

— Les rois ne sont jamais mieux reçus que dans une République. Celle-ci a-t-elle donc le goût du fruit défendu ?

— Le pauvre n'ayant que quelques heures libres, l'ivresse doit l'en faire jouir vite.

— Rabelais est le plus grossier de nos écrivains, et c'est celui que les raffinés goûtent davantage sous prétexte d'érudition.

— Pourquoi les religieux aiment-ils la mondanité chez les autres ? Parce qu'ils en sont sevrés pour eux.

— L'annonce d'un malheur nous est plus sensible lorsqu'elle nous frappe en pleine digestion ; c'est le contraire d'un apéritif.

— Il vaut mieux mourir courageusement que mourir peureusement.

— Le médecin et le fossoyeur se succèdent fraternellement.

— L'imagination est plus sale que la nature.

— Pour qui n'a pas voyagé, toute ville éloignée semble exotique.

— L'homme civilisé commence par le ventre et finit par le cerveau.

— L'esprit produit longtemps après que le corps ne produit plus.

— Le bruit que le passant fait dans la rue, on ne le fait même pas dans l'histoire.

— Si l'on décorait tous ceux qui sont morts à la guerre, on aurait vite la terreur du ruban.

— Le boucher se distingue du guerrier en ce qu'il revend le cadavre.

— Le malheur éteint l'amour et la haine.

— L'orage se décharge par l'éclair et la passion aussi brusquement.

— L'étage est le tiroir d'une maison et la tombe le tiroir de la terre.

— Les uns ont peur du mort, les autres de la mort.

— C'est quand l'étoile polaire se cache, que la boussole devient indispensable.

— Quand le ciel extérieur se voile, on découvre le ciel intérieur.

— Les citadins ne ramonent leur cheminée qu'avant l'hiver, beaucoup de catholiques ne ramonent leur conscience qu'au printemps.

— L'électricité galvanise les grenouilles, et l'alcool, les vieillards.

— Le critique littéraire tire les pois de leur cosse, mais y laissent parfois le meilleur.

— L'oisiveté fatigue l'homme actif, autant que le travail, le paresseux.

— Une femme qui n'aime plus, ne croit plus qu'elle est aimée.

— Depuis les comices agricoles tous les Français sont devenus orateurs.

— Quoi d'étonnant qu'un homme soit le jaloux d'un

autre, puisque le même d'aujourd'hui l'est de celui d'hier, s'il réussit moins.

— Il n'y a de pire ennemi d'un parti politique que celui qui a été abandonné par lui.

— On est plus injuste si on l'est pour le compte d'autres personnes, que si on l'est pour le sien.

— L'imitation est un besoin tellement impérieux qu'on s'imite soi-même.

— Une idée peut traverser l'esprit, comme un éclair, sans jamais plus revenir.

— Le malade a autant de dégoût pour la nourriture, que l'homme bien portant pour ce qui en est le résidu.

— Rien ne ressemble tant au maillot que le linceul.

— Une seule larme et une simple goutte d'eau suffisent pour revivifier.

— La tranquillité est le seul souhait des malheureux.

— La démocratie est une aristocratie en herbe.

— Par un cercle vicieux la malchance amène la timidité, et celle-ci la malchance.

— Etre célèbre après sa mort, c'est manger le potage après le dîner.

— L'homme religieux est celui qui laisse passer tous les plats pour attendre le dessert.

— Le mystique n'est aimé ni de l'orthodoxe, ni de l'athée, il a pris un chemin de traverse et il marche seul.

— La Bible dit que le sage pèche dix fois par jour, elle n'avait pas prévu le commerçant.

— Pour établir fructueusement l'impôt sur le revenu, il faudrait que chacun fût taxé par son voisin.

— Tous les hommes politiques commencent par la démagogie, tous les littérateurs par la pornographie, tous les hommes les plus austères par être les plus viveurs.

— L'homme le plus heureux est celui qui ne regarde jamais quelle heure il est.

— Les poètes appellent l'égoïsme leur tour d'ivoire, et les philosophes y logent le surhomme.

— On a d'abord compté sur ses doigts, comme on mangeait avec eux.

— Dans une audience tout le monde est mécontent : le juge sur son siège, l'avocat à la barre et le justiciable sur la sellette.

— Les aristocrates deviennent malaisément des démocrates, mais ceux-ci aisément des aristocrates.

— La tristesse, sous le nom de pressentiment, précède quelquefois le malheur, au lieu de le suivre.

— Le vivant n'aime le mort qu'à défaut du vivant, la nonne n'aime Dieu qu'à défaut d'un homme.

— L'homme qui n'espère rien ne sait pas à quel jour il vit.

— La femme n'aime qu'elle-même, mais elle n'estime que sa toilette.

— Le mauvais cœur ne nuit qu'aux autres, le mauvais estomac qu'à soi.

— Si le bonheur vient, il n'arrive jamais à temps.

— Ce qu'on aime nous fait souvent plus de mal que ce que nous haïssons.

— La grande joie rend généreux, la grande tristesse miséricordieux.

— On en arrive à regretter autant l'illusion que le bonheur.

— Il y a des sociétés où l'on ne reconnaît pas le Créateur, mais où il y a beaucoup de créatures.

— La morale nous enseigne le bien ; l'histoire, le mal, et la nature, l'indifférence.

— Celui qui est lassé le soir est bien portant ; celui qui est lassé le matin est malade.

— L'amour de la famille est un égoïsme subsidiaire.

— La décoration n'est un honneur que pour ceux qui ne la méritent pas.

— L'homme indépendant est un suicidé à l'enterrement duquel on ne prononce même pas de discours.

— La vie étant chère et l'éloquence bon marché, les conférences ont remplacé les grands dîners.

— Quand on réussit sur la terre, pourquoi penser au ciel ?

— L'ambition d'un prélat est aussi étonnante que la chasteté d'un homme du monde.

— Il n'y a pas d'homme politique qui n'ait été un politicien pour commencer.

— Il faut se méfier de tous, même de soi.

— Pour dompter les hommes, comme pour dompter les chevaux, il faut administrer à la fois du sucre et des coups.

— La personne qui nous aime le mieux, nous blesse par la seule différence des goûts.

— Quand l'homme a beaucoup souffert, il se contente d'un mouvement de répit ; s'il a toujours été heureux, il ne supporte pas une minute de malaise.

— Quand la pensée déborde, on ne peut l'arrêter ; si elle devient lente, on ne peut la faire sortir.

— On parle souvent de Racine et de Corneille, comme on dit : bonjour et bonsoir, sans plus y penser.

— Les savants officiels sont des digues opposées à la science.

— L'académicien se croit vraiment un génie, même quand il a produit Chanteclair, il fait encore lever le soleil.

— Il est mauvais d'imiter les autres, encore plus de s'imiter soi-même.

— Un journal ne peut convertir personne, par cette simple raison qu'il n'est lu que par les siens.

— L'éditeur est l'ami de l'auteur, comme le crocodile de l'homme.

— La chambre des morts est plus triste que le tombeau.

— Une idée fixe pique presque plus qu'une mouche, car la cervelle est plus sensible que la peau.

— On n'estime que ce qui est le plus haut, mais on n'aime que ce qui est le plus bas.

— Un amour sénile, c'est le potage après dîner.

— Les romanciers français devraient payer les gens adultères, comme les peintres paient leurs modèles, car sans eux ils ne seraient pas lus.

— Le seul qui ait chanté l'inceste, c'est l'auteur le plus religieux : Châteaubriand. Ironie !

— Le frère épousant sa sœur était un modèle en Egypte, chez nous ce serait un monstre.

— Le droit qui ne naît pas de la force est un avorton.

— Celui qui sait bien écrire peut peindre sans palette et chanter sans violon, il peint et chante du même coup.

— L'ouvrier dont toute la force n'est pas employée devient indomptable, comme le cheval qui demeure à l'écurie.

— Dans le monde politique aux militaires ont succédé les avocats ; aux avocats, les professeurs ; aux professeurs, les ouvriers ; quant aux bourgeois, rien ne les détourne de jouir.

— L'heureux est celui qui trouve toujours le temps trop court, le malheureux est celui qui le trouve toujours trop long.

— Quand le présent est trop triste, l'homme le vit, suivant son âge, tantôt dans l'avenir, tantôt dans le passé.

— Si l'homme qui vit seul a peur de la mort, celui qui vit en famille a peur de plusieurs à la fois.

— L'assurance sur la vie est le modèle de l'altruisme.

— Le symptôme de l'ennui le plus sûr c'est, aussitôt après le déjeuner, d'attendre le dîner.

— Quand le cœur est plein, l'esprit n'est jamais vide ; si l'esprit est plein, le cœur est vide souvent.

— La pudeur est une vertu dont les femmes sont fières et les hommes honteux.

— Ce sont les malheureux seuls qui sont superstitieux.

— L'esprit a des indigestions comme le corps, elles viennent de trop de lecture.

— Celui qui ne relit jamais est comme celui qui ne mâche pas, il ne saurait digérer les pensées.

— La nature est gourmande, chaque être qui meurt est le déjeuner de quelqu'un.

— Celui qui économise trop la vie est aussi fou que celui qui la prodigue.

— Deux jours de fête jettent leur ombre sur toute la semaine.

— La mère favorise souvent les passions de son fils, parce qu'elle n'a pas pu avoir les siennes.

— C'est sans doute par ironie que l'union sexuelle officielle est un sacrement.

— Le chanteur qui chante faux est sifflé, le politique qui parle faux est acclamé.

— Comme la plante pâlie dans la cave, l'œuvre de l'auteur se décolore dans la solitude.

— Parfois l'esprit et le cœur tournent en tous sens, comme des tourbillons.

— La Tour d'ivoire devient souvent un cachot.

— Les désespoirs, comme les fleuves, ont leurs confluents.

— On peut perdre pied dans la vie, comme en un courant.

— Il y a des chagrins qui ne peuvent être compris par aucun autre, à peine par soi.

— Le cœur a plus de jours de pluie et de beau temps que le ciel.

— Il n'y a rien de tel pour faire oublier un malheur qu'un plus grand malheur.

— On ne se figure jamais au premier moment un mal aussi grand qu'il est.

— Quand l'histoire est à bout, il faut bien qu'elle recommence.

— La mer démontée et l'esprit démonté se ressemblent.

— Quand on ne sait plus que faire dans la vie, c'est alors qu'on pense.

— L'esprit encouragé vaut deux ; découragé, il ne vaut même plus un.

— On se plaint souvent d'avoir travaillé, on serait plus à plaindre si on n'avait pas travaillé du tout.

— Les ministres sont les serviteurs dont les tabliers ont le plus de taches.

— L'esprit, immortel ou non, périt souvent avant le corps.

— L'orateur ne peut vivre qu'au dehors, et l'écrivain qu'au dedans.

— L'homme malheureux d'habitude reçoit le bonheur comme un étranger.

— Celui qui simule la mélancolie par parade est un riche qui vole le bien des pauvres.

— L'homme de talent trop méconnu, après avoir douté de lui-même, finit indigné par croire en lui.

— L'homme le plus malheureux, c'est celui qui l'est dès le matin.

— Celui qui attend trop longtemps ne peut attendre que le mal.

— L'imprévu est la dernière espérance ; c'est la meilleure.

— Le ciel nous donne un enfant pour nous consoler, mais deux pour nous punir.

— Quand s'appauvrit-on avec joie ? En mariant sa fille.

— Le métier le plus lucratif, c'est d'encenser sans cesse un grand homme.

— Avant de tuer le mandarin, le petit doigt tuerait plus volontiers encore l'arriviste.

— L'arriviste et le fils de ses œuvres se ressemblent à l'extérieur comme le crapaud et la grenouille.

— Les arbres qui n'ont pas de fruits blâment ceux qui en ont, en prétendant que ces fruits ne sont pas bons.

— Il est inutile de chercher de nouveaux moyens de parvenir, les mêmes pourront servir toujours, la politique est la seule chose qui ne s'use pas.

— Le soleil est dans la nature ce que l'or est dans la société.

— Les Egyptiens embaument leurs morts, les Grecs les brûlent, les Persans les font dévorer par les corbeaux et les Chrétiens par les vers. C'est une question de cuisine.

— En faisant de l'homme de génie un fou, Lombroso a guéri de l'orgueil.

— Ceux qui aiment beaucoup leurs chevaux et leurs

chiens pensent peu à leur femme ; leur besoin de société est satisfait.

— Le vers est un condensateur de pensée, comme il y a des condensateurs d'électricité.

— La pensée est l'origine de l'action, mais n'en est pas le soutien.

— Le pur n'est que la quintessence de l'impur.

— Le jardin et le salon sont deux rivaux qui s'entendent pour la saison.

— L'impartialité a peut-être autant de colère que la partialité.

— Le médecin permet tout au malade désespéré, comme celui qui a donné des conseils en vain à celui qui ne les suit pas.

— L'ami qui demeure au loin est plus sûr que celui qui demeure porte à porte.

— On appelle par ironie les fonctionnaires en retraite des fonctionnaires honoraires, parce qu'ils ne sont plus honorés.

— La raison n'est estimée que dans les maisons de fous et la santé que dans les maisons de malades.

— Les grandes revues de science ou de lettres accaparent la pensée, comme les trusts le cuivre.

— Laissez un fonctionnaire libre de sa retraite, il reviendra tous les jours à son bureau.

— Ce qu'on vante comme son devoir parfois n'est que son habitude.

— La campagne n'a souvent d'autre mérite que de n'être pas la ville, et le pays étranger que de n'être pas le nôtre.

— La vieillesse ne défleurit pas la pensée, mais lui enlève sa tige.

— Un penseur est aussi distinct d'un rêveur que d'un homme d'action.

— Le malade essaie toutes les positions et l'ambitieux toutes les intrigues.

— Le succès seul donne à l'ouvrage sa saveur.

— Le mal d'autrui nous console de notre mal, surtout quand c'est le même.

— La maladie rend plus dur le travail forcé et plus doux le travail volontaire.

— Le commencement d'un livre est comme celui d'un repas, l'appétit ne vient parfois qu'en lisant.

— Tout le monde a faim sous la neige et ne peut en manger, et soif sur la mer et ne peut en boire.

— L'éducation fait la caste autant que le sang.

— L'âme se ferme tout à fait si on la froisse, comme le coquillage se referme.

— La personne la meilleure par vertu ne peut jamais atteindre au degré de celle bonne par nature.

— On peut se figurer la vertu complète, mais très difficilement l'égoïsme complet, quoiqu'il existe.

— Deux personnes qui ne se quitteraient jamais se disputeraient toujours.

— Trop de désillusion est encore plus funeste que trop d'illusions.

— Nous devrions savoir gré à tous ceux qui ne nous font qu'un peu de mal.

— Ceux qui nous aiment et ceux qui nous haïssent nous font plus de mal que les autres.

— Le sport est le travail de ceux qui ne travaillent pas ; c'est la distraction de ceux qui travaillent.

— Celui qui commence à faire un livre ou un discours est semblable à celui qui se jette à l'eau, il a le frisson ; s'il continue ou s'il nage en pleine eau, ce n'est qu'alors qu'il a plus de plaisir que de peur.

— La volonté est un cavalier sous lequel l'esprit se cabre.

— La volonté du plus faible domine l'esprit du plus fort.

— Le suicide entraîne moins que le duel, parce qu'il y manque la vanité.

— Pendant des siècles la recherche de la paternité aurait été une justice ; c'est lorsqu'elle ne l'est plus qu'on l'a admise.

— C'est avec la joie passée et la tristesse présente que l'artiste crée le mieux.

— L'art se nourrit aux dépens de la vie.

— L'ancêtre de plusieurs siècles ne semble pas plus éloigné que celui d'un seul.

— Une activité fébrile, si elle ne nous tourmente pas, tourmente les autres.

— Quand deux personnes ne font qu'une par le sentiment, elles souffrent le double.

— Le cœur double l'intelligence ou l'éteint.

— Lorsque les siens ne le comprennent pas, l'homme se sent plus seul que s'il était seul.

— L'homme le plus orgueilleux est celui qui travaille pour l'histoire.

— Le talent est souvent prolixe, le génie est elliptique.

— Le moment des vacances est pour l'instinct vagabond de l'homme ce que le rut est pour les animaux.

— La villégiature est le dessert de l'urbain, la ville est le plat de résistance.

— L'hiver maussade donne pourtant le goût, et le radieux été, souvent le dégoût.

— L'isolement est la punition de l'orgueilleux, comme la cellule, celle du coupable.

— Les cheveux, comme les feuilles, s'envolent à l'automne, ils ont disparu à l'hiver, mais à la différence des feuilles, ils ne repousseront pas.

— A un homme, la nature semble plus belle que la vêture ; à une femme, c'est tout le contraire.

— Le besoin de penser est pour certains hommes aussi impérieux que les autres.

— La poésie pousse en tout sol ; si l'illusion la produit, l'absence d'illusion la produit à son tour, seulement ce n'est pas la même.

— L'action est l'antipode de la pensée.

— A la mort, la croix du décoré se convertit en croix de bois, comme lui-même en poussière.

— Si l'on n'est jamais prophète en son pays, on ne l'est que par politesse en sa famille.

— Le soleil d'Austerlitz et celui de Waterloo ne sont jamais qu'un même soleil aussi content de rayonner.

— Dans ses illusions l'homme n'est pas toujours trompé, parfois par pitié pour lui-même, il se trompe à dessein.

— L'amour ne se conserve que s'il est coupé à temps.

— Quand on croit que le destin nous sourit, c'est qu'il commence à rire de nous.

— Plus nous changeons de pays, plus nous vieillissons.

— Le goût et le dégoût, c'est ce qu'il y a de plus sérieux dans nos raisonnements.

— Changer de pays, c'est changer d'âme, comme changer de vêtement c'est changer de corps.

— Perdre du temps est la suprême générosité pour le penseur.

— L'œuvre originale jaillit du génie, comme la source du rocher, mais lorsqu'on le frappe.

— Il faudrait réunir la joie de la jeunesse et la peine de la vieillesse, pour faire une œuvre parfaite.

— La pluie a l'air de pleurer et le rayon de sourire, mais ils ne pensent rien.

— D'après les pessimistes, la vie est le commencement de la mort ; d'après les autres, la mort est le commencement de la vie.

— Quand nous avons des idées plein nos tiroirs, tout le monde l'ignore ; si nous avons des pièces d'or plein nos coffres, tout le monde le sait.

— Si nous savons malheureux ceux que nous aimons sans pouvoir les secourir, nous nous fâchons presque contre eux.

— Les moments opportuns viennent parfois, mais sans profit, s'ils ne cadrent pas entre eux.

— La femme attribue à sa vertu ce qu'elle doit à son indifférence, et à la passion de l'homme ce qui est le vice de celui-ci.

— Le roman est plus vieux encore que l'histoire.

— La terre est plus près de l'enfer que du ciel.

— Le mariage le plus imparfait est un commencement d'altruisme ; le célibat le plus religieux plonge dans l'égoïsme.

— L'adultère du mari ne révolte beaucoup d'épouses qu'en raison de son argent et non de sa peau.

— Certaines pensées sont aussi bien cachées sous un crâne que dans un tombeau.

— Le confesseur est un médecin qui pour tout remède mettrait à nu le malade.

— On classe politiquement en partis de plus en plus nombreux, et on y appose beaucoup d'étiquettes, comme sur les bocaux du pharmacien. Profonde erreur ! Il n'y en a que deux : riches et pauvres.

— La richesse dispense d'esprit, la politique de bon sens.

— Il y en a qui ont autant de peine à se ruiner que d'autres à s'enrichir.

— Les créations de l'esprit, bonnes ou mauvaises, procurent le même plaisir que celles du corps.

— L'isolement fait dépérir l'individu, comme la stérilité la race.

— La fourmi est aussi travailleuse que l'abeille. Pourquoi ne produit-elle pas de miel ?

— Quand l'esprit souffre, le travail est le seul remède.

— Le ministre a autant de fierté d'être le domestique du public, que le laquais de l'être de son maître.

— Le confesseur qu'on redoute le plus est le médecin.

— On charge de faire les lois ceux qui les ignorent le plus.

— Entre époux, la séparation d'esprit précède et prépare depuis longtemps la séparation de corps.

— L'homme se dédouble à certaines heures pour se juger lui-même.

— L'amour-propre est l'égoïsme des âmes supérieures.

— Pour inspirer une vérité aux autres il faut se dire inspiré.

— L'homme et la femme se comprennent à certaines heures, mais ces heures ne coïncident pas toujours.

— Attraper le bonheur, c'est attraper une mouche qui vole, et encore, en ce faisant, souvent on l'écrase.

— Si l'homme n'a pu avancer, c'est qu'il s'est tourné en tous sens ; celui qui ne suit que la même ligne, avance et arrive.

— On réussit souvent, quand une femme nous suit, rarement si on la suit, fut-elle une mascotte.

— L'homme entreprenant entreprend encore la veille de sa mort.

— L'homme âgé ne possède plus que l'argent, s'il en a ; le jeune ne possède même pas le temps.

— Le bonheur s'en va pour les hommes sensibles à chaque goutte de pluie et s'en revient à chaque rayon de soleil.

— La magie du style est le mirage de la vérité.

— La rose mourante a son parfum recherché de ceux qui sont blasés sur la rose vive.

— Il n'y aurait rien de pire que de ne jamais mourir.

— Beaucoup d'institutions sociales ne doivent leur survivance qu'à la crainte du pire.

— Les plantes les meilleures poussent sur le fumier, c'est ainsi que sous l'ancien régime l'indépendance des magistrats est née de la vénalité de la judicature.

— L'auteur qui ne produit que pour le goût du public, s'il a du génie, le prostitue.

— Le sabotage, l'empoisonnement, l'incendie, sont les trois crimes ordinairement impunis.

— Dix piqures d'épingle valent une coupure.

— Le cœur est une source que l'esprit dessèche.

— La douleur refoulée se transforme en ironie.

— L'imprévu est plus certain que le prévu.

— La malchance s'accompagne souvent de quelque moquerie du destin.

— L'homme mauvais, mais bien élevé, conserve toujours quelque délicatesse ; le vertueux, pas élevé, n'en a aucune.

— Pour être un homme impartial, il faut avoir goûté tour à tour à l'aristocratie et à la démocratie.

— On réussit rarement à forcer la destinée, mais on peut la faire mûrir.

— Ce sont les rayons du soleil d'automne qui ont le plus l'air de penser.

— La neige est trop pure pour nous, nous préférons la boue.

— Le péché n'a pas de remords pour le pécheur, dès qu'il le partage.

— La honte n'est pas dans ce qu'on fait, mais dans ce qu'on dit, prétend la morale mondaine, c'est le contraire dans l'autre.

— Dieu est le marteau et l'homme l'enclume, c'est celui-ci qu'il faut plaindre.

— On est souvent moins coupable qu'on ne le croit soi-même.

— Quand on croit calomnier, on ne fait parfois que médire.

— Une pensée peut traverser l'esprit, comme l'éclair, sans laisser de traces, il est pénible de la chercher dans la nuit.

— L'effort de mémoire est une tension douloureuse de l'intelligence.

— Orphée perdant Eurydice, c'est le penseur perdant une idée ; il a la même joie à la retrouver.

— Le souvenir est la continuité de l'esprit dans le temps, et la nostalgie sa continuité dans l'espace.

— La vanité est la menue monnaie de l'orgueil.

— Lorsque le lecteur se dégoûte d'un roman, cela survient à l'endroit où l'auteur lui-même s'en était dégoûté.

— Lorsque la politique ou la Bourse est au bout, elle recule.

— La nation gâtée produit les rois fainéants ou les politiciens véreux.

— Souvent, si le pied manque, c'est que la tête a manqué la première.

— Le vieillard aime ses descendants, lorsqu'il ne peut plus s'aimer lui-même.

— La morale hygiénique est la plus solide des vertus, c'est celle des sages.

— La possession de l'argent est la jouissance de la fin.

— L'enfant, ce prodigue, fait dix pas pour un, le vieillard les économise et en fait un pour dix.

— Les auteurs de paradis n'ont trouvé rien de mieux que le jardin, cependant le paysan lui préfère un champ.

— L'immensité de la mer n'est rien vis-à-vis de l'immensité du ciel.

— Les interruptions dans la vie effacent tout le passé.

— On fait un grand voyage pour voir le soleil de minuit, on n'ouvre même pas sa fenêtre pour voir celui de midi.

Wagner a choisi son siècle pour écrire le Crépuscule des Dieux.

— Depuis 40 ans, l'Allemand se promène devant sa guérite, et le Français le regarde.

— Nul propriétaire ne voudrait que sa ferme fut composée comme la carte de l'Europe.

— La femme a semblé le dernier rempart du catholicisme, et comme il s'écroule à son tour, on s'adresse à l'enfant, de peur qu'il ne fasse défaut avant l'âge de raison.

— Quand l'ouvrier double ses salaires, il diminue son travail de moitié.

— Les palinodies deviennent si fréquentes qu'on sort d'un parti aussi aisément qu'on y entre.

— Si l'on est indépendant de quelques-uns, c'est souvent qu'on devient esclave de tous.

— La vérité c'est que charbonnier n'est même pas maître chez lui, à moins qu'il ne soit célibataire.

— Si les domestiques devenaient les maîtres, ils seraient encore plus injustes que ceux-ci.

— Le bûcheron qui dépose sa ramée est pendant une seconde le plus heureux de tous.

— Roland ressemble beaucoup à Dom Quichotte, ce sont deux parents à travers les siècles.

9

— Le viveur n'épouse jamais une cascadeuse, ils feraient un trop bon ménage.

— Sans l'adultère il n'y aurait pas plus de romans français qu'il n'y a de moisson sans fumier, aussi les écrivains y mettent-ils le prix.

— Les luttes de classes remplacent maintenant dans la société les luttes de taureaux, elles sont plus féroces.

— L'Aube et la Marne sont plus ennemies entre elles que la France et l'Allemagne en 1870, ou que ceux de la Commune et ceux de Versailles, seulement ici les convictions sont en bouteilles.

— La divinité a inventé la mort comme seule consolation du pauvre et comme réconciliation après la fameuse lutte finale.

— Le fou qui se refuse à prendre des aliments est le plus sage de tous.

— Le travail manuel guérit un peu l'esprit qui souffre, mais le travail intellectuel tout à fait.

— La douleur rend l'esprit fécond, mais l'ennui le stérilise.

— L'orateur reprend sa pensée, comme le buveur son verre, sans s'en apercevoir, et il s'en grise.

— La voix haute et les gestes ont raison contre toute raison.

— Un homme ministrable est le plus misérable de tous, s'il ne devient pas ministre.

— L'espérance repousse toujours, comme la chair dans la plaie, pour faire une place à d'autres blessures.

— Si les jours d'hiver étaient longs comme les jours d'été, c'est que la nature n'aurait plus pitié de nous.

— On nous accuse de ne pas penser à la mort, mais nous ne pensons pas plus à la vie, car nous la vivons inconsciemment.

— On a le vertige de l'ascension, comme le vertige de la chute, cela dépend des caractères.

— La souffrance éteint tout, même le remords.

— Le destin endurcit l'homme, l'homme n'amollit pas le destin.

— Rien ne ressemble à la Bourse comme les montagnes russes, sauf qu'on y descend parfois sans remonter.

— A 20 ans on demeure dans un grenier, à 70 on descend vers la cave.

— L'homme qui a trop entrepris lâche tout, celui qui entreprend peu ne lâche rien.

— Les politiciens n'ont pas l'habitude de mourir pour la patrie, mais d'en vivre, ils ont raison.

— A qui n'aura plus le ciel il faut la terre.

— Celui qui boit ne mange pas, celui qui aime ne boit pas.

— Jupiter accouchait seulement du cerveau, c'est ce que voudront bientôt les féministes.

— La douleur physique est laide, aussi le poëte ne l'a jamais chantée.

— La renommée posthume est l'ambition de quelques originaux.

— Le succès de la parole, a, comme la possession pour la passion, le plus grand mérite, celui d'être immédiat.

— On est, malgré des apparences, moins prophète encore dans sa famille que dans son pays.

— Le raisonnement trop subtil se comprend, s'évapore ensuite comme une quintessence, sans laisser de trace.

— Le syllogisme est le piège de la raison.

— Les plus subversifs préparent à leur tour leur dogme.

— C'est le petit doigt qui est le plus faible, mais c'est lui qui est le plus fin.

— Le bourdon se contente de l'amour et de la mort, l'homme veut survivre aux deux.

— La feuille qui pousse n'a qu'une seule nuance, celle qui tombe en a mille.

— L'attente du courrier est pour beaucoup d'hommes le seul événement de la journée.

— S'il y a des époques de tremblement de terre, il y a aussi des âges de tremblement d'âme.

— Le spéculateur revient à la Bourse aussi tranquillement que l'habitant à son volcan.

— En une heure de bonheur l'homme a oublié tout le passé, il n'oublie jamais l'avenir.

— Il est aussi difficile de s'accoutumer au silence qu'au bruit.

— Le journal n'apporte pas seulement les nouvelles à ses lecteurs, il y joint de penser pour eux.

— La cessation de la souffrance est un plus grand bonheur que le bonheur.

— C'est après l'agitation et dans le repos que l'esprit produit.

— L'homme habitué au malheur reste insensible aux petits bonheurs.

— Le bonheur donne la témérité, et la témérité le succès.

— Tous ont l'amour de l'argent, mais quelques-uns en ont en même temps la pudeur.

— L'égoïsme suprême est inconscient.

— Sans l'illusion on ne verrait partout que des squelettes ou des écorchés.

— L'Université est l'*alma parens*, dit-on, pour les siens, mais la mégère pour les autres.

— La saleté et la mauvaise humeur sont l'impudicité d'une vieille fille.

— On a longtemps battu monnaie avec la patrie, maintenant c'est avec la province.

— La vénalité de l'esprit est pour l'homme ce qu'est pour la femme la vénalité du corps.

— Le loup qui est en même temps agneau, l'agneau qui devient loup à son tour, n'existent pas dans la nature, mais sont dans la société un phénomène contemporain curieux.

— Si vous êtes trop reconnaissant d'un petit service, votre bienfaiteur vous méprisera.

— Malgré tous les avertissements, le public ne connaît que les dessus et pour les dessous ne veut rien savoir.

— Plus un journal a d'esprit, plus son lecteur devient bête, parce qu'il se dispense de plus en plus de penser.

— Pour le maintien de la société, il faut qu'il y ait au moins deux bêtes à côté d'un homme d'esprit.

— On parle toujours des luttes entre classes, pourtant il y en a une très vive entre le bailleur et le locataire, tous deux bourgeois.

— Le propriétaire n'a d'égards que pour son locataire insolvable ; s'il est solvable, il pourra le persécuter.

— Le capital et le travail sont chien et chat ; le chat égratigne sans cesse, mais le chien étrangle.

— Celui qui a des vacances perpétuelles voudrait ne pas les avoir, pour en avoir.

— Le tout petit enfant est le seul qui ne veut pas tuer le vieillard.

— La seule mort propre, c'est la mort violente ; dans les autres on pourrit avant de mourir. N'en est-il pas de même pour la viande de boucherie ?

— Pour Nietsche, il y avait encore un homme au-dessus du surhomme, c'était lui.

— Chateaubriand a eu beaucoup de maîtresses, mais le Génie du Christianisme les avait toutes bénites d'avance.

— Le peuple n'a le temps après son travail que de boire, de manger et de dormir, il n'a pas celui de penser, mais chacun veut l'y forcer.

— La femme qui convole est une femme qui ne s'était que louée à vie.

— Le mariage depuis le divorce est un bail à trois, six ou neuf, il n'en dure parfois que plus longtemps.

— Pour beaucoup le dimanche est non pas le jour du Seigneur, mais celui du diable.

— Kant a eu d'autant plus de disciples, qu'il s'est moqué d'eux en démolissant la raison pure par la raison pratique et la raison pratique par la raison pure.

— Le catholique moderniste ne passe pas à l'ennemi, mais il lui ouvre la porte.

— Satan aujourd'hui refuserait Faust, parce qu'il a à répondre à trop de propositions plus avantageuses pour lui.

— Les eugéniques périraient tous, si les autres ne leur donnaient de temps en temps leur fumier.

— Un homme bien mis est capable d'une escroquerie, un homme mal mis n'est capable que d'un vol.

— Le proverbe qui parlait de querelle d'Allemand était celui d'un prophète.

— Les tailleurs qui de nos jours habillent les dames seraient de force à redresser la carte de l'Europe.

— Comment peut-on effrayer avec la vallée de Josaphat ceux qui sont morts depuis des siècles, ils sont déjà trop habitués ?

— L'aiguille est donnée à la femme, comme le couteau à l'homme, pour faire du mal.

— L'homme se distingue du serpent en ce que son venin est situé ailleurs.

— Les banalités sont des mouches qui bourdonnent toujours aux oreilles du peuple.

— La patrie est le garde-manger des riches et la cage des pauvres.

— Si l'antimilitarisme était venu avant le militarisme, ce serait ce dernier qu'on proclamerait odieux.

— Plus maladroits que nos ménagères, les philosophes n'ont pas encore pu accrocher la morale à leur crémaillère.

— Les tentatives de vol s'appellent maintenant en langage diplomatique des conversations, nous sommes au siècle des euphémismes.

— Plus les classes inférieures deviennent avides, plus les riches exhibent dans la rue leurs richesses devant elles, et les dames, leur peau.

— Avec la mode du jour, la femme se promène comme nue, mais sous une vitrine.

— L'éloquence, comme on la pratique dans les banquets et les comices, ressemble à de l'éloquence en conserve.

— De la tour de Babel les hommes, dirait-on, conservent l'habitude d'élever des monuments d'orgueil, mais aujourd'hui ce n'est que pour faire travailler le peuple souverain... et fainéant.

— Comme Mahomet, Auguste Comte ne veut pas être l'inférieur de Jésus-Christ, mais veut bien être son successeur, comme Napoléon se disait le neveu de Louis XVI.

— Le cléricalisme, lorsqu'il est pur, est un gouvernement d'eunuques. La monarchie, lorsqu'elle est pure, est un gouvernement d'étalons. La démocratie, lorsqu'elle est pure, est un gouvernement de mâtins.

— Le rythme et le style sans imagination créatrice, c'est une statue sans armature.

— La vanité est le ferment de l'œuvre éphémère, de même que l'orgueil, celui de l'œuvre durable.

— La fatigue du corps ne permet pas le travail de l'esprit, la fatigue de l'esprit provoque le travail du corps.

— La morale indépendante est plus difficile à fixer qu'à la muraille un objet sans clou.

— Le bonheur fait ressortir tous nos devoirs, le malheur les efface tous.

— C'est le besoin impérieux de société qui aboutit aux déclassements des isolés plus que des autres.

— La débauche est une vaccine contre les mauvais mariages, ceux qui ne se font pas vacciner seront punis.

— Le repos hebdomadaire est le dominical laïcisé, c'est au temple du plaisir (vieux style) qu'on fait ses dévotions.

— Le malade, s'il est religieux, prie et maudit la divinité tour à tour, ou les deux à la fois ; s'il ne l'est pas, il prie et maudit ses voisins.

— Le pélerin qui a la foi doit être jaloux des miraculés, qui pour lui sont des arrivistes.

— Si nous compatissons à ceux qui souffrent, il est juste que nous en veuillons à ceux qui ne souffrent pas.

— Le hobereau jouit plus que tout autre, parce qu'il jouit dans son milieu où l'on est connaisseur en jouissance.

— Le catholicisme devrait remercier le protestantisme, puisque de son aveu il lui doit sa propre réforme.

— C'est quand la terre s'ouvre qu'on dit que le ciel va s'ouvrir.

— On pourrait autoriser tous les couvents sous la seule condition que la porte en soit toujours ouverte.

— La charité est à la solidarité ce que l'amour est au mariage, l'une étant volontaire et l'autre forcée.

— Le liens de famille sont si forts qu'on s'y rend plus de services qu'entre amis.

— Si la femme n'allait pas à la messe, son mari voudrait peut-être l'y envoyer.

— Si Clotilde a converti Clovis, c'est que l'intérêt de celui-ci l'avait déjà converti. Paris valait déjà pour lui une messe.

— Un auteur envieux reproche à un autre justement les défauts que celui-ci n'a pas, sans voir ceux qu'il a, la partialité l'a rendu aveugle.

— Sous le concordat, l'évêque n'était plus qu'un chef de service, il est devenu un chef d'opposition.

— L'Eglise, en perdant ses biens, croyait gagner spirituellement, elle a gagné, au contraire, économiquement.

— L'homme qui s'est laissé subjuguer chez lui redevient libre dehors, c'est ce qui fait la fortune des cafés.

— La femme se sert de sa religion contre son mari, et celui-ci de son irréligion contre elle.

— Les choses aiment à moderniser leurs noms, l'excommunication est devenue le boycottage.

— L'ouvrier est l'aristocrate, et le paysan le démocrate de la démocratie.

— Les anarchistes français savent-ils que les nihilistes russes qui leur sont identiques ne sont que des nobles ?

— La chouette, le corbeau, l'aigle, le coq ont eu l'honneur de représenter les divers partis, excepté celui de la République qui trouve parmi les hommes assez de bêtes pour se passer des autres.

— Un empereur sage peut causer autant de maux qu'un empereur fou, mais on peut au moins causer avec lui.

— Les Français ont la main trop légère, et les Allemands la main trop lourde, ce qui fait que chacun craint de commencer.

— C'est la Bourse qui divise tous les hommes et réconcilie toutes les nations.

— La cote de la Bourse est un drame chiffré.

— Le patriotisme est l'hypocrisie propre aux politiques.

— Le remords est une mouche qui bourdonne toujours, mais on s'y trompe, le scrupule en fait autant.

— L'intelligence la plus élevée et l'imagination la plus vive ne s'entretiennent qu'à force de côtelettes.

— Le voyage est aussi nécessaire à l'homme que le retour.

— On n'a jamais tant parlé de psychologie que depuis qu'on ne parle plus d'âme.

— On n'a jamais tant vécu en aristocrate que depuis qu'il n'y a plus d'aristocratie.

— La vertu, disait Brutus, n'est qu'un mot, mais c'est un mot qu'on fait diablement sonner.

— Le fonctionnaire est l'esclave moderne qui, à la différence de l'ouvrier, est obligé de travailler, et qu'on accuse d'être fainéant.

— Le député est l'ouvrier qui ne fera jamais grève, mais c'est aussi le seul qui fixe son salaire, en n'ayant besoin que de le voter.

— Un sénateur n'est sans doute qu'un député empaillé, heureusement sans frais nouveaux.

— En France, l'esprit seul échappe à l'impôt, c'est ce qui fait que tout le monde en a.

— En Allemagne, le marin est artificiel, comme en Angleterre le soldat.

— L'Autriche est une mosaïque cimentée depuis des siècles et dont l'invraisemblance fait la durée.

— Au Parlement, s'il y a quelques députés qu'on appelle sauvages, c'est parce que ce sont les seuls indépendants.

— L'histoire qui n'est pas expurgée est plus amorale que le roman le plus immoral.

— Le public lecteur de romans n'aime plus que les plus faisandés, comme les convives qui ont dîné trop souvent en ville.

— L'indignation, comme la foudre, purifie l'air et transforme les idées.

— Le chien ne s'aventure que sous la table, le chat, plus hardi, parce que plus gentil, monte dessus.

— Pour le citadin, l'amour de la campagne est l'amour de ce qui est pur.

— La campagne et la mer sont deux rivales qui se disputent le bourgeois, comme la brune et la blonde.

— Tous les hommes sont prisonniers, il n'y a de différence que dans la distance des barreaux.

— L'avortement est ce qui préserve le mieux de l'infanticide.

— La sensation se refroidit d'abord, puis le sentiment, enfin la pensée.

— La pensée est plus intime que le sentiment, mais seulement si elle n'est qu'à nous.

— L'homme se mire dans son orgueil, comme la femme dans sa beauté, et lui dans sa vanité, comme elle dans sa toilette.

— La femme du peuple commence souvent par la main gauche et finit par la main droite ; la femme du monde commence par la main droite et continue par la main gauche, parce que chez elle l'une cache l'autre.

— Le bonheur éclaire l'hiver, le malheur ternit l'été.

— Autrefois on ne connaissait que le moral et l'immoral, les philosophes contemporains ont découvert l'amoral qui sert à absoudre l'immoral.

— Les métaphysiciens faisaient de la métaphysique en le sachant, mais il paraît qu'ils faisaient du métamoral sans le savoir, comme M. Jourdain faisait de la prose.

— La femme coûte maintenant à son mari autant et plus que l'autre, c'est pour cela qu'elle lui devient chère.

— L'orthodoxe ne veut surtout pas admettre qu'il y ait une foi contre la foi.

— L'enthousiasme est une preuve de morbidesse, comme l'indifférence une preuve de santé.

— Les timides font plus de bêtises par leur timidité que les hardis par leurs plus grandes hardiesses.

— Le soleil, lorsqu'il a passé midi, pense déjà à se coucher, de même l'homme à se reposer dès fortune faite.

— Le cerveau est encore plus capricieux que l'estomac.

— Le matin la destinée se lève avant nous.

— Il n'y a pas de compartiments étanches dans l'esprit.

— Quand nous avons traité d'un sujet, il nous semble qu'il ne doit plus appartenir qu'à nous.

— L'imagination est tantôt au-dessus, tantôt au-dessous de la réalité, jamais au niveau.

— M. de la Palisse est le seul homme qui soit parfaitement compris.

— Le sourire est le rire de la femme, de même que la tendresse est son amour.

— L'homme flatte la femme, la femme jamais l'homme.

— L'amour de la femme voudrait s'arrêter avant la fin, l'homme y court tout de suite.

— L'amour de la femme est un gourmet, celui de l'homme, un gourmand.

— Dieu a ses commandements et l'Eglise les siens ; le pauvre fidèle doit subir les deux.

— La veuve, surtout celle qui a des enfants et qui convole, pratique l'adultère légitime.

— La cure de montagne est une ordonnance de suicide.

— Le suicide est défendu par la religion comme la mort-aux-rats par le chat.

— La littérature trop sincère est comme le jour trop cru, elle blesse les yeux du lecteur.

— Quand on passe de l'œuvre d'un auteur à sa vie, c'est comme si l'on passait du visage au dos.

— Les saint sont supérieurs aux grands hommes en ce qu'on peut les admirer de tous côtés.

— Le représentation exacte de la vie humaine ce n'est pas le théâtre, c'est le cinéma.

— Le costume actuel qui chez la femme supprime le ventre est un symbole de la suppression de l'enfant.

— Le prestidigitateur qui dit : « rien dans les mains, rien dans les poches » serait mal reçu lors de son entrée dans le monde.

— La peau de la femme vaut plus cher que le cuir de l'homme, quand elle a moins travaillé.

— La femme est fière de sa paresse, comme l'homme de son travail.

— Il n'y a que trois sortes de femmes, celles qui se vendent, celles qui se louent, et celles qui ne peuvent ni se vendre ni se louer.

— On dit : « si vieillesse pouvait » parce qu'on ne pense qu'aux gens riches.

— L'homme qui ne trouve pas le bonheur ailleurs ne le trouve plus en lui.

— Le lieu de retraite du fonctionnaire est comme une île déserte où on l'a débarqué.

— Celui qui n'est pas de la foule méprise la foule qui passe, de même que la foule le dédaigne.

— Le savant n'a auprès du politique qu'un succès d'estime, tandis que l'autre a près de lui un succès d'envie.

— Lorsque l'auteur ou le savant devient un politique, il se diminue ; si le politique devient auteur, il disparaît.

— On ne peut bien comprendre la pensée d'un auteur que si on l'a soi-même vécue.

— Un encouragement vaut parfois un sauvetage.

— L'accalmie pour le malade est une tromperie de la nature, mais si elle précède la mort, elle se convertit en bienfait.

— Le soleil sourit aux heureux et rit des malheureux.

— Le sacerdoce des prêtres est rejeté, mais on parle à tous propos de celui des écrivains, des savants, des orateurs, et même, par ironie sans doute, des journalistes.

— Le lock out est l'excommunication par le bourgeois, la chasse au renard celle par le peuple.

— Les survivances sociales sont des cadavres qu'on laisse à table.

— Le soleil ne paraît aux étoiles qu'une étoile de plus.

— Souvent le lecteur voudrait finir lorsque l'auteur n'a pas encore commencé, c'est le lecteur qui se trompe, il prend les fondations pour le gros œuvre.

— On n'a que tard connu la boussole physique, on ne connaît pas encore la boussole morale.

— Pour celui qui souffre, la semaine a plus de sept jours et le mois de trente, parce qu'il ne compte plus par minutes, mais par douleurs.

— Les souverains n'ont pas plus de souci de tuer un homme sur le champ de bataille que nous de tuer une mouche sur une vitre.

— Nous accusons le ciel d'être cruel, nous devrions l'accuser plutôt d'être indifférent.

— Les riches se moquent au fond de l'impôt, comme du reste ; plus ils en paient, plus ils jouissent.

— Le juge d'instruction serait le plus puissant de tous, s'il n'était le plus dépendant.

— La prison, avec ou sans cellule, est l'école de la paresse.

— L'avocat et le ministère public se donnent des claques comme à la parade, il en est de même du député de gauche et du député de droite.

— La souffrance moyenne aiguise l'esprit, la trop grande l'émousse.

— La porcelaine de Chine est plus belle chez nous qu'en Chine.

— Nous n'estimons que ceux qui ont des opinions religieuses ou politiques contraires aux nôtres ; c'est pourquoi nous les poursuivons.

— Il suffit de fréquenter un parti pour n'en plus vouloir.

— C'est quand on entre dans un parti seulement pour l'exploiter qu'on y est le mieux reçu ; dès qu'on y est pris, on n'y prend plus.

— L'hypercritique est destructive de la critique, comme l'hyperesthésie de l'esthésie.

— Les plus grands sculpteurs ont disséqué, les plus grands compositeurs sont des sortes d'algébristes, les arts qui sont les plus éloignés sont ceux qui s'entendent le mieux.

— Celui qui lit un roman croit toujours lire une histoire, celui qui lit l'histoire croit lire un roman.

— La Société des Gens de Lettres est le chien du Mont Saint-Bernard pour littérateurs.

— Si la population croissait à leur gré, les apôtres de la repopulation seraient bien embarrassés qu'en faire.

— Ceux qui prêchent la quantité de la population, pourquoi ne se préoccupent-ils pas aussi de la qualité ?

— On cherche à excuser Malthus, mais s'il n'y avait pas eu de Malthusiens, il n'y aurait pas eu de néo-Malthusiens.

— Un auteur qui élague ses écrits a autant de douleur que s'il s'amputait.

— Le romancier ancien n'avait sur sa palette que des couleurs différentes ; le moderne a trop de nuances, plus que la nature.

— Les uns vivent des abus, les autres de les dénoncer.

— La démagogie est cause, dit-on, de tous les maux de la société ; oui, mais c'est elle aussi qui sait attacher le grelot.

— Esaü avait, dit-on, renoncé à son droit d'aînesse, mais il s'en repentit tout de suite, de même la noblesse après la nuit du 4 août.

— Il est aussi défendu aujourd'hui de citer la Bible qu'autrefois Voltaire ou Rousseau, la libre pensée s'est emparée de l'index.

— Le collectivisme, en supprimant l'héritage, supprime les vertus de celui qui travaillait, mais en même temps les vices de celui qui ne travaillait pas.

— On ne tombe jamais jusqu'au fond, il y a toujours où tomber.

— Si l'on a faussement la réputation d'un avare, autant vaut l'être, et on le devient.

— Quand on dit : cherchez la femme, on ne pense jamais à l'épouse, elle est trop près. Et cependant, comme dans Macbeth, parfois c'est elle.

— Il ne faut pas tout mettre dans le même panier, non seulement parce qu'on pourrait en perdre, mais aussi parce que cela ne paraîtrait plus.

— Quand on opprime quelqu'un, pour s'innocenter, on feint d'en avoir peur.

— On n'a la pensée vraiment libre que si l'on n'est ni orthodoxe, ni athée, mais alors personne ne vous écoute plus.

— L'impartialité est la plus grande sottise dont un homme d'esprit soit capable dans sa profession.

— L'émotion fait jaillir une idée plus sûrement que la réflexion.

— Le travail inutile vaut mieux pour les autres, même pour soi, que l'absence du travail.

— La psychologie rachète le plaisir de voir les autres mentalités par l'horreur de voir la sienne.

— Si nous nous brouillons avec nos collatéraux, ce seront nos descendants surtout qui plus tard nous feront le reproche de ne pas leur avoir légué notre famille avec nos biens.

— L'éclair dans l'esprit de l'insensé le rend plus malheureux, éteignons l'éclair.

— La vie d'un homme malheureux se passe à chercher de nouveaux malheurs.

— L'isolement pour l'esprit équivaut à la prison pour le corps.

— Il y a des climats qui donnent la fièvre au corps, il y a une saison qui donne la fièvre à l'esprit, c'est celle des vacances.

— Le commerce est le vol (voir Mercure), comme la justice est l'injustice.

— Le grand homme était encore le dernier fétiche, le surhomme lui a succédé, mais ils ne valent pas le brave homme.

— Pour les esprits vulgaires il n'y a que des règles, il n'y a pas d'exceptions.

— L'homme bon n'est pas défiant, il juge autrui d'après soi ; l'autre se défierait de lui-même.

— Ceux qui aiment le précis ont la franchise de l'intelligence.

— Exprimer une pensée en vers, c'est la faire entrer à balle forcée dans un canon rayé, elle portera loin et juste.

— L'homme qui étudie un art ou une science sans laisser sa profession y sera toujours inférieur.

— Celui qui ne remercie pas avec effusion est bien près de devenir ingrat.

— L'homme délicat s'excuse presque de donner.

— Si l'on en croyait les romanciers, il n'y aurait encore

que des princes et des ducs, les plus démocrates n'admettent au moins que des comtes.

— Le chien est plus heureux que le cheval, parce qu'on ne l'attelle pas d'ordinaire ; si on l'attelle, il devient le plus malheureux.

— Le plus sûr moyen qu'un événement arrive, c'est de ne pas s'y préparer.

— Le grand attrait de la distraction, c'est qu'elle permet à l'homme de sortir de lui-même.

— L'homme partial est accusé d'un côté, l'homme impartial l'est de tous.

— Le juge est heureusement indépendant de quelqu'un, soit de ses chefs, soit des politiques, soit des partis.

— Ceux qui se découragent d'une critique sont comme ceux dont les pieds s'écorchent, ils ne peuvent pas marcher longtemps.

— Les philosophes qui écrivent en français ne sont souvent pas plus intelligibles que s'ils parlaient latin.

— Les philosophes se plaisent entre eux dans les abstractions après avoir soigneusement fait le vide autour d'eux.

— On appelle volontiers abstrait tout ce qui ne plaît pas. Le peuple qui aime le calcul ne trouve pas les mathématiques aussi abstraites que l'orthographe.

— Le malheur est une douche qui guérit les fous et qui rend fous les gens bien portants.

— La naïveté est une vertu qui ne compte pas chez l'homme, pas plus que la pudeur chez l'enfant.

— La danse paraît aussi bizarre à qui ne danse pas que le repas à un malade.

— L'intermédiaire officiel donne la sécurité, mais aux dépens de tout le reste.

— Au bout d'un an, il y a plus d'abus dans une institution que de taches sur un habit.

— L'éloquence et le verbiage se confondent pour le public, autant que les champignons comestibles et ceux qui ne le sont pas.

— Le vol est à la fois ce qu'il y a de plus honoré et de plus puni.

— Le pouvoir ne peut se défendre que par le mensonge, et l'opposition triompher que par la vérité.

— Un musée est une forêt d'où l'on peut voler les arbres, sans qu'ils fassent de bruit.

— Le criminel qui avoue se tue lui-même après avoir tué les autres.

— Le vrai homme du monde a toujours la face tournée vers le public et le derrière vers les siens.

— Lorsque tout est en relief, il n'y a plus de relief.

— La vulgarité est le fond de la vie, comme le pain, du repas.

— Les cheveux de la femme et la barbe de l'homme sont le drapeau de leur sexe.

— Le père pour l'enfant reste à tout âge un croquemitaine.

— Dans la famille on aime la femme pour sa dot, les parents pour leur héritage et les enfants pour leur position.

— L'aboulie est le plus innocent et pourtant le plus dangereux des vices pour les autres et pour soi.

— A défaut d'être exempt de maux, on veut au moins en changer.

— La quantité nuit à la qualité, même quand elle ne la diminue pas.

— Plus nous faisons de sacrifices pour quelqu'un, moins il s'en aperçoit ; heureux s'il ne nous les reproche pas.

— On se repent de tous ses bons sentiments, même de la pitié, car elle se retourne aussi contre nous.

— Il y a des règles de la vie, comme de chaque art, mais aucun manuel ne les contient.

— La désillusion complète est une opération chirurgicale de l'esprit, qui peut être salutaire.

— Ce que nous donnons par libéralité est considéré par le descendant seulement comme un devoir.

— L'indignation est comme l'alcool, elle soutient l'homme, pendant qu'il en a besoin.

— Le comble de la complicité c'est de ne pas résister au mal.

— L'eau bénite de Cour est si connue que le ministre ne se donne même plus la peine de la faire.

— La rareté seule donne la valeur, même la rareté de l'esprit.

— L'amour avec le scandale possède un assaisonnement de plus.

— L'artiste est peut-être trop libre à Paris, mais il ne l'est pas assez ailleurs.

— La décentralisation prônée en France est à l'autonomie provinciale ce que la dînette d'une petite fille est à un dîner.

— Le théâtre est le roman mis en extrait, ce qui permet de l'avaler d'un coup.

— La solitude à deux est encore une solitude.

— Il n'y a pas deux esprits qui s'adaptent complètement, il faut que la volonté y mette ses chevilles.

— Ce qui fait la supériorité de la science ou de l'art, c'est qu'ils n'ont pas besoin d'un succès pour être un plaisir.

— On peut ne faire de la musique que pour soi, il est plus difficile de n'écrire que pour soi.

— C'est le bœuf qui est le meilleur ami de l'homme, puisque c'est lui qui le nourrit le mieux.

— Pour le parisien, hors Paris, tout est la campagne, il irait en villégiature à Lyon.

— Si tout le monde avait une bosse, ceux qui n'en auraient pas seraient désespérés.

— L'automobile a détrôné la bicyclette, l'aéroplane est en train de détrôner l'automobile. Qui le détrônera ?

— Pour être heureux, il faut être à la tête de la foule ou y être confondu.

— La vertu n'est jamais une protection, mais ce peut être une arme.

— Le diable qui se fait vieux guette un bon ermitage, avant de se faire ermite.

— Quand nous souffrons, on croit que nous sommes de mauvaise humeur, et quand nous sommes de mauvaise humeur, nous disons que nous souffrons.

— Aucun remède ne peut nous guérir de l'hérédité, ce sont nos parents qu'il aurait fallu soigner.

— Le passé ne se conserve que par son goût d'amertume, autrement il est pourri.

— Rien ne nous corrige de nos défauts que le besoin d'en corriger les autres.

— La religion n'a jamais réconcilié les Capulets et les Montaigus, mais le commerce l'eut fait.

— La contre aristocratie des familles plébéiennes a des dynasties aussi fières.

Le Christ est ressuscité, mais le pharisien qu'il avait chassé est ressuscité à son tour.

— Les abus ne se guérissent pas plus que les dents, il faut les arracher.

— Si l'on pouvait revenir du voyage d'outre-tombe, on y installerait un train de plaisir.

— Un auteur, pas plus qu'une ménagère, ne doit mettre tous ses œufs dans le même panier, où un critique malveillant en fera une omelette.

— Le trop plein de l'esprit se perd, on doit régler la production sur la consommation.

— Le critique serait bien embarrassé si on l'obligeait à créer, l'auteur pourrait plus facilement critiquer.

— Le critique est le parasite de l'auteur, celui-ci ne peut en triompher qu'en le secouant fort.

— Ceux qui sont bien portants, loin de plaindre les maladifs, se plaignent d'être dérangés par eux.

— Celui qui a touché le fond de l'âme humaine est dégoûté ensuite, même de sa surface.

— La pitié est plus forte que l'amour, car elle lui survit.

— L'esprit humain est une pendule qui ne sonne pas tous les jours, aussi ne s'aperçoit-on pas du temps.

— Le fonctionnaire aspire au repos ; retraité, il n'en voudrait plus.

— L'anthologie choisit le meilleur, mais elle le coupe et il se fane.

— On peut se dégoûter de tout, mais à peine de mort il ne faut pas se dégoûter de soi-même.

— Le collectionneur est le plus heureux, parce qu'il n'a pas d'amour-propre.

— Il y aurait plus de mariage d'inclination, si l'on n'avait honte de ne pas faire fortune.

— La poule au pot d'Henri IV serait refusée par le peuple, depuis qu'il a goûté au poulet rôti.

— Dieu parlerait aux savants qu'ils feraient les sourds ; il fait aussi bien de ne rien leur dire.

— Comme la source, c'est lorsque le temps est trop beau que la pensée tarit.

— Le coup de pied le plus sensible de tous, c'est le coup de pied de l'âne, parce qu'il vient le dernier.

— La douleur mise en caricature est la plus douloureuse de toutes.

— L'esprit de l'homme a son flux et son reflux comme la mer, sa hausse et sa baisse comme la Bourse, il est rarement étale.

— On n'a jamais le genre de talent que nos parents ou nos amis estiment le plus.

— A la capitale, il y a plus d'isolement qu'à la ville, à la ville qu'à la campagne, à la campagne qu'en voyage.

— La tristesse du soir est naturelle ; celle du matin est contraire à la nature.

— Les hommes du moyen âge employaient tour à tour le brodequin, le pal et autres raffinements, ceux d'aujourd'hui n'emploient que la Bourse.

— La famille, comme certains mets, est à ce qu'il y a de plus délicieux, mais aussi ce qu'il y a de plus amer.

— Le soleil est l'ami de la vérité, il le prouve par la photographie ; l'homme est l'ami du mensonge, il le prouve par la peinture.

— Souvent la femme n'aime que soi-même, plus sa fille, comme son image.

— Pour l'homme la femme n'est qu'un instrument de plaisir, de race ou d'argent, suivant les cas ; pour la femme l'homme n'est qu'un instrument de dépenses.

— La femme dépensière est dans la maison ce qu'un cheval de luxe est dans l'écurie.

— La femme avec l'enfant né se défend de celui à naître.

— La religion de la femme n'aime pas celle de l'homme.

— La vie de garçon est un stage utile que les parents de la future exigent souvent.

— Ce qui distingue le vieillard de l'enfant, c'est que ses dents ne repoussent pas, comme les dents de l'autre.

— La nature est tellement stupide qu'elle ne trouve pour nous attirer le plus que ce qui dégoûte le plus d'ordinaire.

— Dans les mythologies les dieux étaient trop aimables pour être vrais ; chez les catholiques, le leur est trop haut pour être aimable.

— Le malheur, comme le bonheur, se mesurent à la longueur de la nuit.

— L'homme de volonté vaut deux fois l'homme intelligent et quatre fois l'homme sensible.

— L'homme est peut-être plus sensible que la femme, et la femme peut être plus volontaire que l'homme.

— Le roman historique est démodé, le roman d'histoire naturelle le remplace souvent.

— Le bonheur dont on ne parle à personne n'est qu'un demi-bonheur.

— Si l'auteur corrompt le lecteur, le lecteur avait déjà corrompu l'auteur.

— La cherté des vivres est le carême laïque chargé de remplacer le carême religieux.

— Si vous faites du bien à qui vous fait du mal, il vous fera plus de mal ; si vous faites du mal à qui vous fait du bien, il vous fera plus de bien.

Melle. — Imprimerie Goussard & Cⁱᵉ.

DPCi

15, rue Jean-Baptiste Colbert
ZI Caen Nord - BP 6042
14062 CAEN CEDEX
Tél. 31.46.15.00

RCS Caen B 352491922

Film exécuté en 1992

www.ingramcontent.com/pod-product-compliance
Lightning Source LLC
Chambersburg PA
CBHW070759290326
41931CB00011BA/2076